小本创业先锋丛书

U0954351

零风险投资

刘文献 编著

企业管理出版社

图书在版编目（CIP）数据

零风险投资 / 刘文献编著．—北京：企业管理出版社，2010.5

ISBN 978-7-80255-555-6

Ⅰ．①零… Ⅱ．①刘… Ⅲ．①企业管理－研究 Ⅳ．①F270

中国版本图书馆 CIP 数据核字（2010）第 079555 号

书　　名：零风险投资

作　　者：刘文献　编著

责任编辑：吴太盟

书　　号：ISBN 978-7-80255-555-6

出版发行：企业管理出版社

地　　址：北京市海淀区紫竹院南路 17 号　　**邮　　编：**100048

网　　址：http://www.emph.cn

电　　话：出版部 68414643　发行部 68414644　编辑部 68701408

电子信箱：80147@sina.com　zbs@emph.cn

印　　刷：北京智力达印刷有限公司

经　　销：新华书店

规　　格：170 毫米 ×240 毫米　16 开本　13.5 印张　200 千字

版　　次：2010 年 5 月第 1 版　2010 年 5 月第 1 次印刷

印　　数：5000 册

定　　价：29.80 元

版权所有　翻印必究・印装有误　负责调换

写在前面的话

为什么越来越多的人想创业？为什么创业越来越艰难？为什么你迟迟还没行动？你是因为没有启动资金，还是因为害怕被骗，踩到陷阱呢？你相信吗？在中国，六七个劳动力中就有一个是老板。他们之中有来自就业压力的下岗职工，有来自不想再当上班族的白领，有来自想要拥有更多自由时间的人员，有来自直销产业赚钱魅力的吸引等等。我们想创业、想快速赚钱、想赚大钱，但是却很茫然，很无助，因为害怕承受失败后带来的风险而变得不知所措。没关系，《零风险投资》会分五步教你如何实现你的创业之梦，避免你创业路上的风险，帮你挖掘到人生的第一桶金。

你还在为找不到好的投资项目而苦恼吗？你还在因得不到创业成功者可贵经验而忧郁吗？恭喜你，《零风险投资》将给你推荐最新投资项目 66 个，解决你毫无创业方向，在商海里苦苦寻觅的烦恼。也为你献上 46 则小本经营成功创业的故事，让他们的成功经验鼓励你、引领你、开阔你的思维的同时，给你信心步入成功创业的征途。

《零风险投资》的可贵之处在于，完全体谅并且立足于创业者初始步入商界的心理。花最少的钱，冒最小的风险，获取最大的利润空间与创业经验。将小本经营的企业步步为营，由小做大。你已经打定主意想要创业了吗？如果你的答案是肯定的，那你现在最需要做的就是轻轻翻开此书……

作　者

2010年1月20日

目录 CONTENTS

上篇　通往财富大殿五步走

“千里之行，始于足下。”成功不论远近，都需要你一步一步去掘取。不行动永远没有希望，行动了才能期待收获。创业可谓艰难，但我们可以细分目标，把大目标分解成若干个小目标，实现一个小目标相对会容易许多，随着一个又一个小目标的实现，大目标也就不知不觉在脚下实现了。

下篇 掘金路上成功者的足迹

我们说每一个成功者都有一个开始。勇于开始，才能找到成功的路。创业路上你要取得成功，就需要以恒心为良友，以经验为参谋，以小心为兄弟，以希望为哨兵。其中经验这个参谋尤其重要。创业路上以他人成功的经验作参谋，指引你行为，就能形成一种走向成功的习惯，日而久之凝聚成一种性格，而这种性格就决定了你创业的成败。

上篇　通往财富大殿五步走

“千里之行，始于足下。”成功不论远近，都需要你一步一步去掘取。不行动永远没有希望，行动了才能期待收获。创业可谓艰难，但我们可以细分目标，把大目标分解成若干个小目标，实现一个小目标相对会容易许多，随着一个又一个小目标的实现，大目标也就不知不觉在脚下实现了。

第一步 ☞ 找准金矿的位置（投资项目）

“巧妇难为无米之饮”不论你有多少雄心壮志，不论你有多少人脉关系，这一切还需要寄托于一个合适的项目，才能一展你的抱负。六成创业者迟迟不能起步，关键在于没有合适的项目，而正在创业的又有八成面临失败，关键是没有找到好的创业项目。下面，我们精心为创业者们收集了投资项目 66 个，为创业者们指出了金矿的位置所在。

■ 投资项目 66 个

小本创业者怎样在商界的大海中取胜，怎样令自己充满竞争力？怎样由小做大呢？专家们说：“技术”是店面的基本生存条件；真正能让店面落地生根，充足的竞争力是不可或缺的；留意市场信息，关注尚未引起国内或即将引起国内的新形态消费文化及特性，才能在消费者偏向理性思考的情形下，免于落入削价竞争的恶性循环中，成为百年老店。

下面我们就为创业者收集整理了66条小本创业项目。苦于找不到方向的创业者们可以根据自身的条件，选择感兴趣、熟悉的项目去经营。也可以由此引申想出更多其他的项目来。

1. 餐饮业

民以食为天，随着人们生活水准的提升，寻觅美食已经成了大家生活中的一大乐趣。各具特色的自助火锅店、传统小吃店、便当外送等餐饮服务业如雨后春笋般占领了各地的大街小巷。餐饮业作为一项投资不大，又能迅速收到成效的行业，不失为创业者的选择之一。

2. 西饼店

西饼店其实很多人开，可选择的种类也很多，创业者如果想打这方面的算盘，那就想一下怎样利用现有的产品做出你的特色。哪些是别人店不能提供的而对顾客又具有莫大吸引力的？西饼从品种上分有：面包、吐司、小蛋糕、饼类、巧克力类、艺术蛋糕、节日蛋糕、情人蛋糕、特色蛋糕（婚礼、庆典）、比萨、三明治、汉堡等等，而且通过配料的不同又可衍生出多种口味。值得提醒的是：在选择经营品种时切不可一哄而上，在注意本土化的同时，还要选择自己的经营地点和经营方向。

3. 营养早餐

因为工作的繁忙，生活节奏的紧凑，越来越多的人因为忽视早餐而导致这样或那样的身体不适。现在大家都明白了这个道理，也就是做这个生意的时候到了。创业者可选在小区、学校等人口较为密集的地区租一间门面，经营各种粗粮、杂粮等为主的稀饭、面点，如小米、玉米、高粱、花生、黄豆等。要求环境卫生、干净，品种齐全，口味丰富。

4. 营养彩面

面条吃多了，消费者就会想吃些奇特的。其实饮食一直都是创业者不错的选择。俗话说得好，“生意做遍，不如开家饮食店”。一日有三餐，谁能少得了？竞争激烈的市场，只有特色，才会赚钱，只有特色才会有卖点。根据市场的情况来看，面馆是餐饮项目中非常赚钱的一个小项目，其投资不大（3–6万），利润高（每碗最少2–3元的利润，每年的收入在5万以上），而且比较好打理，也不用请太多的人。

更重要的是，营养彩面增加了面馆的特色和卖点，会让你在竞争激烈的行业有足够的资源去进军这个市场，赚得比别人更多的钱。如果你对营养彩面一无所知而又有浓厚兴趣，你可以去网上搜搜，大把大把的资料跳出来供你了解。

5. 病人饮食

病人一般胃口不怎么好，很难伺候，而家人总是不惜多花一些钱来满足病人的胃口。所以这也是创业者可以考虑的一条门路。病人饮食店地址适宜选择在大中型医院附近，针对各种病人群体的不同状况，分别开列菜单。经营上应格外重视灶间卫生，不能像一般餐厅和送餐公司那么简单。前期应针对病人不同的病症制定出合理的食谱，顾客上门时要问清病人的症状、身体条件、心理状态，便于更好地服务；病人的订餐档案应妥善保管，不可出现任何差错。初期投入主要是房租、购买灶具等费用，约 2 万元左右。

6. 新鲜饮品专卖店

这种店已经有过很成功的例子了。据分析，此类店优势有以下几点：首先，饮品店时间上是“四季可行”的，冷热饮都可以经营，品种有四五十种，从春至冬都会吸引人去买。春为养颜夏为消暑，秋为补气冬为暖身。甚至什么也不为，光为那种站在高高的吧台外看侍应生把冰块和果汁茶水摇得哐哐响，这份“声在味先”的虚荣，就使购买者的脸得意得发红。迷恋所谓“欧陆风情”的女孩子，谁没喝过这东西？再者“薄利多销”，同样一杯台湾珍珠奶茶，在真正的红茶坊卖到 10 元以上，而在此种立等可取的贩卖小店，因为是外卖，价廉一半。投资者也不吃亏呀！想想动辄上百平方米的红茶坊店租有多少，而你才租五六平方米的门脸儿就开张了，谁合算？据悉，投资这类店仅需投入 1.2−1.3 万元左右，如果地址选在诸如：电影院旁、个性店铺云集地、大学区、健身中心旁等，最保守的估计每天平均也能出售 100 杯，平均每天的毛利在 350 元左右，月利润将在 6000 元左右，一个季度以内就可以收回成本，进入轻松赢利的状态。

7. 汤品速递店

汤对人的身体营养作用甚大，白领们终日忙忙碌碌，一天下来，骨头都散架了，想喝自己煲的汤大都心有余而力不足。大多吃个快餐了事。开家汤品速递店，为写字楼白领们提供一份家常的体贴，也是一些创业者的不错选择。首先是确定几种经典汤品。“顾客只需要一个电话，创业者就会送汤上门，这样的服务是外面酒店难以相比的。”开店选址在高档写字楼或是高级公寓旁边较为适宜。

8. 靓饮

喝的跟吃的对人一样重要，投资开一家鲜榨果汁店出售新榨鲜果汁也成了一个不错的选择，开店投入小、操作简单易行，收益也会不错。选址在四通八达的写字楼附近开店较好。

9. 泡椒鸡脚

当然这里只是举一个例子，你可以自己研制，配料弄出味道受顾客欢迎的方便小吃、小食、菜式都是可以赚钱的。例如泡椒鸡脚、酱鸭脖等，你去调查一下现在为止已经有多少牌子推出，令多少人赚到了钱。

10. 骨头店

补钙是现代人叫嚣得比较厉害的一道口号。现在流行什么我们就做什么，这也不失为生财之道。经验都是自己摸索出来的,有的互相重复,有的互相排斥，需要下工夫整理、实验。一个叫张云的从市场买来肉骨头，一种方法一种方法地尝试，结合好心顾客源源不断地提供各种煮制偏方，张云一一采纳，逐步完善自己的煮制方法。在六七个月的时间里，张云的小店总是客人爆满，全是来吃肉骨头的。闻香骨头给她的小店带来了名气，而名气就是看得见的财。对此你又想到了什么呢?

11. 个性数码印象坊

数码坊遍地都是，如果你要做就要做出个性。在这个追求个性化的时代里，谁可以提供大量的个性服务，谁就能轻松占领市场。你可以想想看，个性可以产生在自己的周围，衣饰、随身用品、水杯餐具、家居布置等等。越来越多的人愿意接受，如果不能自己生产，就改变物品的外在色彩或者图案来体现自己的审美与品味，获得创造的乐趣。开家个性数码印像坊（投资1～5万，年收入5万以上），针对时尚年轻人士、白领、学生，送与众不同的礼物不仅能代表心意，而且具有收藏价值，选一款自己喜欢的图案或是照片，用烫印的方法，使之呈现在自己的衣服、杯子、T恤衫、钥匙扣、耳坠等物品上面。这种创新与个性，带给你的将是独具诱惑的时尚魅力。

12. 二手店

如果你爱好精致有品位的物品，而手头上资金又不够，不防考虑开一家二手精品店、手工艺品专卖店或者小型咖啡屋，也能让你一展雄才。

13. 花店类

有些人总喜欢跟着感觉走，他们往往感情很敏锐，又能时时设身处地为他人着想，宠物店、花店、园艺店正需要你这种特征的人。

14. 手工艺品店

手工，可想而知，要心灵手巧才能完成。当然你也可以请人做或去批发市场拿货。手工艺品店充分利用女工心灵手巧的特点，将手帕、靠垫、台布的缝纫工作分散在家中完成。手工制品精巧，款式重复的机会较少，顾客容易接受，小投入，低风险。

15. 手工制作

现在机械化遍及大江南北，反而大兴手工制作之风。像中国结编织、布贴车、苏州刺绣、十字绣等手工项目都是创业者不错的选择。此项目经过1-2个月的培训及熟练过程，每个可收入20-30元，首期投资1000元即可。缝制足球项目：此项目经过培训及熟练过程后，每天能缝制1-2个，每个收入8-10元。

16. 手工老粗布产品

这类产品比较古老，讲究古典韵味。民间手工艺制作的纯棉线老粗布，经过十几个流程加工而成，曾是清代朝廷的贡品。

17. 香薰饰品店

香味谁都喜欢，特别是爱美的女士们。俗话说得好，有女人的地方就有市场，就有商机。大街小巷，你去瞧瞧SPA、芳香疗法越来越受到时尚女士的认可和欢迎。除了女性市场外，香薰还发展到了日常生活的各个角落，适用于不同的人群。你可以开一家衣物加香店，或者香薰干花店，或者工艺香薰灯店，或者DIY香薰店，相信都会有不小的市场前景。

18. 玩具医院

现在玩具越来越多，价格也越来越高，当然功能亦是越来越复杂，一旦损坏，留着没有，弃之可惜，有间玩具医院就好了。

19. 职业预测店

求职难已经成了广大失业者、毕业者的心声，想求到一份称心如意的工作更难。如果利用一套相关的测试软件，对每个求职者进行专项测试，指点迷津，肯定有市场。这样的小店开在高校附近最好，近水楼台先得月嘛。

20. 儿童书店

家长都希望自己的孩子多学习，不要整天围着电视机、游戏机、电脑，而是从书本中吸取知识的营养。可以开间专门的儿童书店，从装潢、设备到进货品种都要完全针对儿童所需。

21. 中小型综合书店

不断充电，不断为自己更新知识，是工作的需要，也是个人的一种自我底蕴的提升乃至气质修养的方式。顺应社会发展的需要开个特色书店，必然有利可图。首先是完全按照个人兴趣开店，凭借个人的经验和实力开办自己的特色书店。这种书店的存在形式有很多种：有按照传统的经营模式来经营的小书店、有以书吧的形式经营的、有店中店的形式、有折扣店的形式等等。

22. 居室诊所

现在许多人都住在一个格子屋里，经常这里出问题了，那里出问题了，苦于找不到人修理。在不破坏装修的前提下，解决管线缺少、下水道堵塞、暗线故障、墙内暗管渗水等问题，用此作为创业项目，也是具有一定市场的。当然这要结合你的专业技术才行。

23. 老年谈心站

年轻一代都在忙着赚钱，极少有时间陪伴父母左右。人辛苦了一辈子，现在老了，孩子们还在埋怨两代人隔阂，其实也有很多人考虑到长辈的心理需求，可就是没能找到办解决法。创业者可以利用这个新形势提供一个高龄老人谈心、交往的地方。

24. 宝宝印制社

几乎每个宝宝都是在父母亲的期盼中呱呱坠地。当然，作为父母也常会尽一切可能把宝宝出生时的一点一滴记录下来。不妨迎合这种心理，开一家制作社，把宝宝的姓名、生辰、属相、脚印制成印章，或做成装饰架，让爱成为永久的纪念。这种店开在产院附近最好。

25. 疗伤旅馆

谁都有不开心的时候，或者遭遇人生不顺心的时候，谁都希望一个人找块清静的地方进行反省。这样的旅馆,有心理医生听其倾诉,有供宣泄的娱乐场所,有宁静温馨的客房，让人忘却烦恼，调整心态。不失为一个创业者选择创业的好方向。

26. 獭兔养殖

小本创业者如果有养殖方面的爱好或技术，可以考虑饲养一些小动物，例如獭兔养殖就是一项投资少、风险小、周转快、效益高的产业。养一组种兔（5母1公）年出栏平均125只，每只按50元计算，年销售收入6250元，扣除笼具、种兔、饲料、防病药物，当年收入可达2000元。第二年笼具、种兔无须再投资，效益更加可观。獭兔体形小，占用空间少，有利于工厂化集约生产（可利用闲置的厂房），也可化整为零，规模可大可小。

27. 中水洗车

现在拥有私家车的人越来越多，而正在为自己的靓车奋斗的男士女士们也不乏其人。所以中水洗车也算是一项市场前景可观的项目。中水洗车设备每小时仅用一度电，处理一吨水的成本约0.4元，一吨水洗车20辆左右，清洗一辆车的成本仅为0. 08元。如果一个洗车店有6～8名员工，每天洗车60辆，每辆车收费7元钱，除去房租、员工费、杂费，每月可净赚8000元左右，可在6个月左右收回成本。

28. 汽车饰品店

同样也是借助私家车数量激增，买车的钱都花了，往往人们更愿意再买回一些小装饰令自己的爱车看起来更与众不同，更具自己独特的品味。因此汽车饰品也应势不断升温。许多驾车一族（尤其是女性车主）愿意花几百甚至数千元装点自己的爱车。该如何投资汽车饰品店呢？服务很关键，尽量给顾客营造温馨的感觉，因为现今顾客对服务的要求都较高。其次开店选址宜选在车流量比较大的路段，店面装修要个性时尚，以吸引顾客前来选购。投资方式：建议加盟一家品牌店，不仅解决了货品来源的忧虑，产品进价绝对便宜，而且还省却了部分广告宣传。

29. 个性服装印制店

高新科技突飞猛进，你不需要去研究开发，你只需要了解最新趋势，掌握好新的产品使用知识，你就率先掌握了一门赚钱的门路。比如说，现在转印和电脑技术加在一起已经将应用领域无限扩展了，可以应用于空白文化衫、牛仔、毛衣、皮包、皮带、手套等，这种技术还可将彩色图案、人像照片烤制在金属板、瓷板、金属盘芯、鼠标垫、拼图及项链吊坠等物品上。操作简单，收入颇丰，并且无需电脑知识，入行门槛低。

30. 特色水吧

卖水的很多，人家凭什么喝你家的而不去别家买。你不妨考虑开一间特色水吧。特色水吧的经营主体就是一间专卖饮品的小店。水吧被很多创业人士普遍看好，原因就在于其潜在消费群体巨大，利润丰厚。水吧的引人注意点在于环境，所以面积不宜过小，但也非讲究排场，重在营造氛围。

31. 魔术玩具店

玩具越来越疯行，品种越来越多，也越来越被新一代人所喜好，市场前景可观。据悉，一个最基本的魔术玩具店，通常要配备至少200个品种，包括魔术道具扑克、魔术多变扑克、魔瓶、奇幻筛、千里眼以及腾空火柴牌、神秘金字塔等产品。魔术玩具原料相对便宜，成本较低。在销售时经营者不会直接让消费者看到实物，加之市场空白较大，因此毛利相对较高，非常适合小本创业者尝试。

32. 动漫店

随着网游的不断推出，动画经典大片的不断上映，越来越多的人迷上了迷人的动漫。从漫画世界中寻找到一条商业化之路，不需要大投资，也没有技术门槛，却有着越来越广阔的发展前景。开动漫店要保持一颗年轻爱玩的心，动漫店的生意一定要跟着潮流走，玩者群中流行着什么游戏，就得卖跟它有关的产品。

33. 彩色钥匙制作

钥匙几乎每个人都会使用，平常的都是不锈钢材料的，现在有人使用彩色钥匙，给人眼前一亮的感觉。即使价格稍微高一点，大家也愿意选择彩色的。利润自然就高，与配制一把普通家用钥匙做比较，普通钥匙坯0.2元／只，配后收3元／只，毛利2.8元／只；彩色钥匙坯3元／只，配后收10元／只，毛利7元/只。开一个配制彩色钥匙专柜,总投资(含钥匙复制机、准备的坯500只)在2500元以内。

34. 有机蔬菜

经济的快速发展，人们生活水平的不断提高，对食品的需求也已经从“温饱型”向“营养健康型”转变，人们对超市里“有机蔬菜”的态度已经从嫌贵悄悄变成青睐了。绿色食品如野生菌菇、无土蔬菜等，迎合市场发展和百姓消费需求，市场覆盖面日益扩大，市场占有率越来越高，这也引发了巨大的市场前景。与此有关的开店方向包括绿色食品开发与生产、净菜社、药膳馆、素菜馆等。

35. 婴儿用品

宝宝是每个家长的希望，也是他们愿意花血本的地方。开一家合格的婴儿用品店也是创业者可以考虑的选择。用品包括：奶嘴、奶瓶、睡袋、童装、玩具、科教用品、护肤用品等，小到婴儿用的小别针、枕头等，都有多种样式多种价位的商品可供选择。商品应力求全而新。婴儿用品店首先要以齐全的商品吸引顾客，以免去妈妈们分别采购的麻烦。在商品的选择上创新，可以观察一些大型商场或根据顾客的反映，及时更新换代。同时，还可依照客源、年龄段，对中高档产品进行合理搭配。婴儿用品店的利润平均在25%左右,每月3万－4万元的销售额基本可保本。

36. 吸尘黑板擦

因为粉笔的灰尘吸入过多，影响了老师的健康，很多老师肺部异常而导致各种各样的呼吸道疾病。而吸尘黑板擦给他们带来了福音。产品适用于各类学校、部队、企事业单位，适合擦金属黑板、玻璃黑板、水泥黑板及木质黑板等各种光整平面。目前产品在北京、四川、河北、湖北等地有售。当然销售的时候要搭配其他的东西一起。

37. 迷你吸尘器

城市中，灰尘越来越多，也是大家烦恼的根源。迷你吸尘器很好地解决了这个问题。前期投资3千元，首批进货200个，经销价每个15元，建议市场零售价每个32元以上，销售200个可获毛利3400元。

38. 按摩器

白领们通常在电脑前一坐就是一整天，好不容易周末了，倒头就睡还不够时间，极少有时候锻炼。长此以往，身体迟早出问题。而按摩器就为他们缓解疲劳提供了帮助。产品采用电脑机箱电源的USB接口供电，可为人们按摩颈、肩、腕、头、膝盖等关节，可舒缓全身筋骨疲劳。

39. 便携式搬运机

有些小型公司开在无电梯的低成本区。产品由电机、底盘、支架以及定滑轮构成。主要适用于各种无电梯的低层楼房、地窖等场所的搬运工作。

40. 滑光轮

青少年是一个大的市场，滑光轮是一种青少年喜欢的新运动、新潮流产品。滑光轮满足了青少年随时随地享受溜冰和滚轴的需求。它小巧玲珑，可以套在鞋子上代步而行，而且滑动还会发出色彩亮光，成为众人的焦点

41. 手机应急充电器

手机已经成为每个人的必备品。联系客户、朋友、家人全靠它。有的时候充电不方便，手机没了电也会带来很多麻烦。手机应急充电器产品的体积、外观和女士的口红一样。由于充电电源为1.5伏的五号干电池可以通过本产品内部特有的增压电路设置，将1.5伏电压增到5.7伏，可以满足手机应急充电使用。

42. 多功能电子手杖

老年用品随着中国社会老龄化的到来越来越有前景与潜力，老年人户外活动遇身体及其他原因出现意外情况时，如不及时求助，后果不堪设想。这类产品中已经出现可以有效解决一些突发性问题，给老年人出行带来便利的新产品。目前，这些产品主要在北京、深圳、台北、广西、山东、乌鲁木齐等地销售。

43. 家用真空钩挂器

能够予人方便，解决日常生活中一些问题的产品，就一定会有它的市场。人们为了挂一些物件，通常选择钉钉子、用粘钩或是吸盘挂钩。现在极少有人会往墙上钉钉子了，这样容易损坏墙面，不美观。选择粘钩吧，它承载重力小，又很容易脱落，而且挂钩脱落后墙面上还经常留下难以清除的污迹，甚至会损

坏墙体；吸盘挂钩只能用于瓷砖、玻璃表面。家用真空钩挂器可以克服市场中现有产品的不足，所以此类产品也具有广阔的市场空间。

44. 可降解环保花盆

许多家居或办公室内都会有一些绿色的盆栽植物，而目前市场上的花盆种类主要有木制花盆、泥制花盆、瓷制花盆、塑料花盆。木制花盆虽然轻便，但没有五颜六色，泥制花盆和瓷制花盆透气性好，美观华丽，但太重，价格较高，塑料花盆透气性不好，容易对环境造成污染。可降解环保花盆克服了以上缺点。目前主要出口欧盟、美国等国家，国内市场主要在广州、北京、义乌等地销售。

45. 婴儿测温汤匙

婴儿用品市场永远是一种莫大潜力市场，近年来婴儿用品也不断增长，甚至达到平均每年递增17%以上，而汤匙是日常生活用品，有着广阔的市场需求。用普通的汤匙给婴儿喂奶、喂水、喂药时，母亲或保姆通常会用嘴试温度，存在疾病传染的可能，而且有时会因奶、水、汤、药等过热而烫伤婴儿。婴儿测温汤匙克服了上述缺点，更加安全、方便。平时不用时可做家庭温度计，可谓一举两得，市场前景看好。

46. 新型软呼啦圈

呼啦圈是大家所熟悉的一类产品。宣传起来也不用太费劲。它是一种体育运动又是一种技巧运动，为大众熟知和喜爱。不同的是新型软呼啦圈由天然橡胶制成，柔软且有弹性，在使用过程中，由于离心力的作用，圈体与身体的接触面积更大，加强了对身体的按摩。该产品可自由调节大小，购买一个即可全家人使用，实际使用成本比普通呼啦圈还要低很多，容易为消费者所接受。另外，该产品储藏、携带方便，可自行调节重量、冬天可以加入热水使用。普通呼啦圈则不具备以上特性，市场上无同类产品竞争，因此市场前景看好。

47. 空气净化珠

城市空气污染严重，人人提倡环保。空气净化珠应运而生，产品外观为粉红色球型，能捕捉、吸附空气中的有害气体分子，并通过化学反应将有害气体分子转变为无毒、无嗅的反应产物，同时粉红球型颗粒变为黄褐色，颜色变化程度与有害气体消除量成正比。

48. 礼品篮零售店

许多人想送礼，苦于不懂选择什么。若创业者能帮人们解决这一困难，如：礼品篮零售店的礼品选配不仅赏心悦目，而且种类繁多，那他一定可以从顾客那里赚到不少钱。

49. 杂货送上门服务

其实很早国外就兴起了食品送货上门服务，因为越来越多的外国人把去食品店买东西看成“浪费时间”，渐渐地婴儿用品、日用杂货也都时兴送上门。中国的创业者们不防参考一二。

50. 形象顾问企业

形象顾问业在国外的发展着实令人吃惊，因为许多失势的企业执行主管，都把自己的不成功归因于着装、谈吐、风度或礼仪上出了问题。能够指导人们着装的企业就肯定会赢得市场需求。创业者不防参考一二。

51. 色彩顾问公司

许多人喜欢打扮，却不懂得根据颜色来搭配，这既是学问也是艺术。可以针对这些情况，把人与生俱来的肤色、发色、眼睛色等人体特征进行科学地对应，为各个不同的人找到最适合的色彩群，完成服饰化妆和个人自然条件的和谐统一搭配。根据顾客的面貌、形体和性格、职业特征，找到最适合的款式风格。因为色彩咨询还未普及，所以价格较高，色彩顾问最好将服务细化拆分，针对不同的服务收取费用。至于宣传策略，根据财力，可以选择电视、报纸等手段，但开办现场活动效果更好一些。

52. 神秘购物服务提供商

此处的“神秘购物”是指市场上买不到而顾客又想要的东西，例如一个历史事件的纪念物，一个虽不值钱但对客户有意义的纪念品。

53. 专业营养顾问

这类行业其实就是贩卖知识。人们都在忙忙碌碌，没有时间学习，营养顾问的业务是指导客户养成良好的膳食习惯，以使之饮食合理，营养均衡。

54. 提醒服务

我们经常因忙碌而忘记了许多本应该记住的重要日子，例如亲人、相爱者、朋友的生日，有意义的纪念日，可以把相关的日子开个清单交给提醒服务企业。这也不失为创业者的一个选择。

55. 趋向预测企业

许多人举棋不定，是因为没人做市场调查或没精力去做调查。企业产品市场预测，一般都和市场未来发展的前途相关，例如，能够预测目前还未成为抢手货的某种玩具娃娃、某种运动用品将来会火爆吗？在国外做得好的趋向预测企业年净收入可达 50 万美元。

56. 900 电话号码服务

在国外，900 电话号码服务是一种通过电话向客户提供旅馆、旅游、交通等多种信息的服务。开通一条电话线，客户打来电话按次数收费。创业者不妨参考一二。

57. 催眠业

过去，催眠被很多人认为是庸医的骗人术，而现在这一行业在国外成了合法的，可以与治疗糖尿病、肥胖症乃至戒烟等结合进行的从医活动。当然从业人员要经过正规训练，要有执照才能开业。收费相当可观，每小时 100 美元，第一年开业就可望收入 3 万美元。这是一个新兴行业，创业者假如有心理咨询师证书并有条件，可以考虑开一家这样的机构。

58. 青年旅店

针对到处漂泊的“世界青年”提供住宿、食品的小旅馆。这样的廉价住所在国外已有数千家。不少青年旅馆的业主都希望能对有志青年进行帮助，因为他们总想着：“也许今天来住店的，将来就是一位世界级的大人物。”

59. 男士内衣店

哪里有市场空白，哪里就有创业机遇。人人都在忙着在女性的内衣市场上赚一笔，大多数服装厂家和商家将主要精力投入到女性市场，男性市场一直处于被忽略的状态。而这从专门的男士内衣店的火爆可见一斑。男士内衣店的投入不多，主要是铺面、装修和首次进货货款。各地铺面价格存在一定差异，但一般 5-10 万元即可启动。开男士内衣店选择品牌很关键。目前受国内男士欢迎的男士内衣主要有两类。一种是日常型的。另一类是造型夸张的情趣内衣。

60. 宠物用品店

宠物身上钱景宽，宠物已经被越来越多的人选择并且喜爱。而且随着丁克家族的增多，家有宠物已成为一种消费时尚。据测算，我国市民每年用于宠物的消费已高达十几亿元。进入 90 年代以来，中国已成为世界上宠物产品产量增长最快的国家之一，宠物各方面的需求量以每年 15% 的速度增长。这为宠物投资经营者带来了极大的市场。

61. 宠物写真馆

如果你怕脏又嫌累，对动物也没有特别的爱好，而又看好这个市场，并想着从中捞一笔，那你可以考虑由宠物引发的边缘产业。宠物在某种程度上已成为了家庭成员，针对小猫小狗的服务也越来越细分。给宠物拍写真就是一例。投资条件：20 平方米左右的铺面，有简单的摄影棚和摄影装备即可。店铺位置可选择公园、市民广场和宠物医院附近。个人条件：好的宠物摄影师，除了过硬的技术，还必须了解与宠物相关的知识。另外定价要合理。可以在网上开展免费促销活动。

62. 清洁洗涤类

清洁洗涤需求旺，许多东西脏了，洗一洗还能再用，洗一洗会显得更干净，更崭新，看上去更舒服。清洗服务业也是国家保护的产业之一，国际大牌公司很难拿到入场券，这给民族产业带来发展机会。根据清洗范围的不同，通常将清洗分为民用清洗和工业清洗两类。民用清洗即在日常生活中，与个人、家庭生活密切相关的洗涤，包括衣物清洗，头发清洗，家庭用品、房屋的清洗等。小本创业主要是投资衣物洗涤、厨房浴缸、抽油烟机、家具、冰箱、空调清洗业等和锅炉管道、建筑物墙壁、门窗、玻璃等一般工业清洗。据信息产业部的统计，我国每年潜在着 3000 亿元的专业清洗需求，是世界上最大的专业清洁市场。

63. 保健馆

保健市场潜力大，人们对健康的追求越来越高。许多人害怕突然生病，提前预防之风已经刮向家家户户。据统计，我国保健品销售额也以每年 15%～30% 的高速度增长。预计至 2010 年，我国保健品销售额将达到 1000 亿元。

64. 女性用品店

女性用品利润高，女性永远都是一个购买力最强的群体。而这个世界除了男性就是女性，中国目前有 6 亿女性，年纪在 12~45 岁之间的有 3 亿。据权威机构统计，从 2002 年开始，中国女性用品销售总量超过 800 亿元人民币，并以 19% 的年增长率节节攀升。

65. 旅游

旅游休闲发展快，辛苦工作了许多个日日夜夜，白领们大都喜欢选择通过旅游来放松自己，中国旅游产业年均增长率高达 8.5%，位居世界第三。旅游业快步发展，可带动旅游配套行业、餐饮服务业、民族小工艺品业等 10 多个直接相关和间接相关产业的发展。

66. 农产品加工

我国是农业大国，生产了各种各样的农产品。但在农产品深加工上却较落后，农产品深加工占农产品总产量的不到 12%。以玉米为例，美国深加工玉米占到玉米加工量的 20% 以上，品种超过 2000 个，而我国玉米深加工量不足玉米总产量的 9%，品种只有 100 多个。所以农业原材料丰富，也是创业者可以好好打打算盘的重要领域之一。

第二步 ☞ 开采金矿前的热身运动（前期准备）

“磨刀不误砍柴功”，“纲举则目张”，思考始于行动之前，行动的时候便可以事半功倍。创业之初，你需要做哪些准备工作呢？如果创业者们懵懵懂懂也没关系。请你仔细阅读本章，你将了解到自己应当如何择业？需要思考什么？需要注意什么？如何选择你的合作伙伴等等相关内容。

■ 创业之初行业的选择

有了创业的目标，就应当及时赋予行动。创业之初首临问题是：应该从事哪一行业呢？许多人因为找不到适当的行业，徘徊许久之后，又放弃了创业的打算，熄灭了心中想创业的火苗。想创业，又想做得如鱼得水般顺利，一定要对某一行业愈熟愈好，不要光凭想象、冲劲、理念做事。若真立志投身一项事业，不妨辞去本身工作，在该行业做一年半载，摸清摸熟行径再开业也不迟。虽然这比较花时间，但总比开业后赔个血本无归，然后可怜巴巴来一句：早知当初来得要强一百倍。有了想法，就要调查，就要试水。

有的人创业的立足点比较好，这样是非常有利于他创业的，可有的人就未必是这样。理想中创业者有一门熟悉的专业，因而萌发自立门户之念，拥有一技之长，成功的机会自然大很多。但要注意的是，不是每一行业都可小本创业，也不是每一种行业都正是创业的时机。若心目中有一项事业认为可供发展，应该大胆付诸施行。而付诸施行的步骤不是立即开业，而是先做资料搜集和各项准备工作。

千里之行始于足下，准备工作做得充分，步步为营，创业的信心、冲劲、成功率自然较高；反之则容易泄气。对于创业者来讲，选择投资小、见效快、技术难度系数低的项目更合适。下面是创业者行业选择的几个方向：

1. 重工业不如轻工业

众所周知，重工业是国民经济发展的基石，对国家有着举足轻重的影响。

可轻工业却是国家经济发展的龙头，是人民生活水平提升的标志。另外，重工业投资周期长，耗资多，回收慢，一般不是民投资本角逐的领域。无论是生产加工，还是流通贸易，经营轻工产品尤其是消费品，风险小，投资强度、难度小，容易在短期内见效。创业之初，我们建议还是选择轻工业比较适当。

2. 生活用品不如食品类

有些东西几天不用没关系，可食物必须每天都要。一餐不吃心发慌。正所谓，民以食为天。毛泽东就曾说过：吃饭是第一件大事。食品市场是一个十分庞大而持久不衰的热点，而且政府除了技术监督、卫生管理外，对食品业的规模、品种、布局、结构，一般不予干涉。食品业投资可大可小，切入容易，选择余地大。

3. 男人物品不如女人物品

做生意有个针对买家的方向，你的东西是卖给什么样的人，决定着你生意的好坏。目前社会，男人一般是赚钱的支柱，可花钱的却是女人。往往 70% 的购物都是由女人决定的。西方名言说得好：做女人的生意掏女人的腰包。市场调查表明，社会购买力 70% 以上是掌握在女人手里，女人不但掌握着大部分中国家庭的“财政大权”，而且相当部分商品是由女人直接消费的。市场目标对象定向女人，你会发现有更多的商机。大人又不如小孩，中国的儿童消费市场很有特色，儿童用品包含了儿童成长不同时期的消费。儿童消费市场大，随机购买性强，加上容易受广告、情绪、环境的影响，像这种市场投资是一种富有生命力的选择。在中国，满足了孩子的需求，在很大程度上就是满足了他们父母的需求。创业之初应当明白你的产品是卖给谁，是针对男人，还是女人，或者是小孩子，或者几者兼顾。

4. 多元化不如专业化

小本创业，往往资金底子不够厚，追求多元，还不如追求专业来得实在。产品太多，你就难以兼顾方方面面，反而得不偿失。品种丰富，大众买卖，这是一般投资者的思维定向。专业化生产及流通容易形成技术优势和批量经营优势，如近年闻名遐迩的义乌小商品市场、温州服装市场等，无不红红火火。

5. 做生门路不如做熟门路

千万不能做只呆头鸟，看到别人做这行就想做这行，看到别人做那行赚钱又想做那行。每个人都有自己特定的社会阅历与经历，有自己擅长与熟悉的领域。俗话说“隔行如隔山”，投资自己一无所知的行业，需要特别慎重。例如，你打算投资生产冷冻食品，就应该对冷冻食品的市场行情、原料的进货渠道、品质及产品的销售渠道等了解透彻，而且要深入学习，弄不好要付出昂贵的学费。选择自己熟悉的行业，就能拥有更多的信息，知道什么商品有市场、有前途，知道不同产品的优劣及消费者的要求，知道市场发展的趋势，就能够做出正确的判断与决策。

创业者仔细对照想想，就不难找到适合自己的大方向了。创业很艰难，每一步都要仔细计划走好。

■ 创业前需要思考的八大问题

选定了行业，我们接着便要细分到企业内部的各项内脏问题，一一剖析，作出详细的分析与准备。成功只青睐于善于准备的人，需要冷静的头脑，事事运筹帷幄之中，决胜千里之外靠的是各方面资料的细致分析，对各环节的精确掌握。创业更是如此，以下为创业者提出了需要提前思考的八大问题：

1. 经营方向

你成立一个企业无非是为了赚钱。有了企业，一定要有一个方向，投资人总是首先试图从创建企业的商业计划书中获得创业者对于企业的定位，进一步说就是创业者得有与众不同的定位。

2. 简短摘要

简单的讲述你凭什么认为你可以将企业运作良好并且产生盈利。往往你的方式越接近现实，执行力越强，就更具有说服力。这也是吸引投资人愿意了解你的计划的缘由。在硅谷，比较标准的商业计划书不超过20页，执行摘要不超过300字。

3. 经营的合法性

一个企业要长久运作，就一定要具备营业的正当性，你需要解释几个问题：为什么要做？为什么现在做？为什么由你来做？正当性不是合法性，而是正确性。拥有知识和技术的创业者通常都是发现问题，然后就去解决问题，往往没有很好地诊断问题。

4. 创业者风险

众所周知，创业是有风险的。你得详细了解作为创业者的你所承担的风险是什么？创业者不可以为自己准备“救生艇”。投资人要看创业者的风险是什么，创业者将为企业投入多少时间、多少资源、多少金钱，是否愿意为创业放弃已经非常稳定的工作和收入。投资人不会愿意承担比创业者更大的风险。

5. 长远计划

一个企业不是经营两三天就了事的，而是一项长久的事业。所以，计划一定要长远，有远景的经营模式。这需要将好的构想妥善包装并付诸行动。创业者应当为企业策划一个清晰的远景，让投资人能有所期待。

6. 经营产品或服务

你卖的是什么？你吸引人的卖点在哪里？这是最关键的部分所在。这需要创业者既能说明创意，又能保护自己的知识产权。创业者并不需要将创业计划中的核心技术问题全面透露，只要能让投资者感到有新意、有市场即可。

7. 顾客群体

购买你产品或服务的顾客是哪些？你凭什么吸引他们？创业者应当为投资人解释，企业如何以好的产品和服务开发顾客，要让顾客体验到价格以外不可替代的价值。

8. 创业之初，一切都是从无到有

理所当然会存在许许多多的问题，创业者最想解决什么问题呢？投资人对创业的领域可能会很陌生，投资人可能会认为不需要太大的成本就能达到同样的效果。创业者要清楚界定准备解决什么样的问题，而不要过度设计。

创业之前，创业者都需要仔细、认真回答这八个问题，以帮助你更好地了解你的企业，更明确你的目标，也方便你展开以后的工作。

■创业前后应当注意什么

所谓创业，就是创造出来属于你的业绩或成就。也是一条不断准备开发条件满足结果的路线。而在创业前，我们应当适当做出哪些准备工作呢？

1. 适当磨练自己，增长相关需要技能或见识。创业之前，打定主意后，不妨辞职选择类似大企业磨练几年。在公司的选择上，最好是选择大规模，即使你要创立的是小型公司，先经历过大公司的磨练，可以扩大自己的视野，提高组织能力与规划执行等各方面能力。

2. 做出特色，树立你的个人品牌形象。不论你做什么，都需要有自己特别的、独到的形象而存在，当作一个与众不同的品牌来认真经营。有些思想准备是创业之初必备的。

3. 多认识人，多交朋友，多让人家了解你，也就是所谓的广结善缘。当今什么成功靠什么？靠人脉！创业之初，人脉便是成功的最大保证与最大的无形资本之一。尤其刚刚起步，别人还不了解你，你也还没有做顺手之时。朋友、亲人的提拔与支持也是成功的关键。

4. 选定了哪行，作为创业者就必须学习并加强自己的专业能力，光靠人脉而没有整合能力，没有专业，人脉只能用一次而已，没有第二次机会。所以，人脉是入门的基础，而修建稳固的城堡还需要你的专业，你的能力令你能从众多的创业者中脱颖而出。

5. 走在创业的路上了，怎样的心态才能有助于我们的创业行动走向成功呢？人家说成败胜负与否，决定在于心态，下面我们大家一起来分享创业者需要具备的四种心态（敢于梦想，敢于创新，能够坚持，能够团结）。你做得越好，越全面，你就越能成功。

6. 拿得起放得下。如今你选择了一行创业，以前在公司或社会上混出的种种成绩都应该放下了，归零心态很重要，不论你以前身在何职何位，每月工资是多少，你现在是从零开始。经济上也至少要有一年的准备。千万不要指望自己会是最幸运的那个，否则有可能最惨那个会是你。

7. 人多力量大，人多好办事，建议创业者尽量不要单打独斗，不妨组织弹性合作团队。每个人的能力与时间都有限，市场瞬息万变，有一个团队，互相打气、加油。能力互相补充，力量更强大，也可以走得更高更远。

8. 多了解客户，调查客户，以客户为重，客户需求什么，你就准备什么，你就经营什么。客户喜欢你怎样的经营方式，你就改用怎样的经营方式，如果自身无法完成的事，不妨组织临时的团队帮助完成。当然，这需要你的整合能力。

9. 不断为自己充电，不断学习总结。公司提升竞争力越来越重视培训，创业者失去了公司的培训，更要加强自我学习，否则无法维持优势。持续学习，才能超越竞争，尤其是随时需要维持最新技能的专门职业。

■ 单干还是合伙

决定创业了，是单干还是找搭档一起合作完成呢？“单骑走天下”，还是集体上阵打天下呢？各有各的优势与缺陷。我们要根据自身的情况而定。有人单刀独干闯出了一片天地，有人却因独木难支败下阵来；有人合伙创业却因为“一山难容二虎”，结果令本已形势大好的事业半途而废，甚至合伙人对簿公堂，反目成仇，有人则因合伙人能“同仇敌忾”，结果“三个臭皮匠赛过诸葛亮”，干出了一番大事业……视人而定，视情况而定。不要盲目抄别人的模式，关键是根据自身的情况选择适合你的。

话说回来，创业之初难免资金不足，独木难支，而此时选择与别人合伙出资创业，无疑是一个比较理想的选择。人多好办事，却也容易把事搞砸。因为不了解有关法规，易生纠纷。据某机构统计，合伙纠纷已成为民事案件的常见纠纷，其中 60% 以上是合伙创业中发生的。因此，创业者了解合伙经营中的种种禁忌十分必要，尤其要了解和掌握以下五点。

1. 慎重选择合伙人，创业搭档各尽所能，选择岗位适合的人选而不是选择朋友。很多时候我们都会挑选最好的朋友，值得信任的朋友来做合伙人。这种做法其实是不甚明智的。亲密的朋友并不等于最理想的合作伙伴。理想的合作者不仅要求知根知底，相互信任，而且要求双方在能力、性格上都有较好的互补性。默契的合作者有可能在长期的合作中成为知心朋友，但知心朋友并不一定都能成为最好的合作伙伴，所以在选择合伙人的时候，千万不能感情用事。切记：一定要选择岗位合适的。

2. 先小人后君子。有什么事先说清楚，手续齐全，这样日后做事，行动都有一条纲，有一个准则，也不用争来吵去。合伙创业是一定要签订好合作协议的，把双方应尽的职责和应享的权益仔细协定下来，决不能口头说说，一句话，宁可“先小人后君子”。清楚、手续齐全，随时禁得起检查；对于所有账目的进出情况、合作实体的经营状况和损益情况，要定期在合伙人间公开，合伙人的利益分配要严格按照合伙协议中的规定办理。

3. 市场调查要充分，不要盲目合伙。不是想创业了就可以马上成功创业的。创业之前都应该先做充分的市场调查。市场有风险，但许多创业者求胜心切，对市场没有做充分调查，草率合伙。加之法律意识淡薄，只凭义气办事，什么事只要口头说一下，根本想不到签协议。因此，对合伙人的盈余分配、债务承担、退伙、合伙解体的财产分配等均无规定，很容易产生纠纷。

4. 财产大家共同支配监督。既然大家是合伙，都是为了财物，理应共享，不可由一方私自处理。正当的做法，合伙人的财产应由合伙人统一管理和使用。但有的合伙人不经其他合伙人同意，私自处理共同管理的财产，由此而产生纠纷。

5. 账目要算清，手续要齐全。什么都凭白纸黑字，凭单据，有什么账目也可以拿出来核对，就不容易出问题。合伙经营体必须做到账目公开，便于互相监督。但许多创业者合伙创业时，为节约开支，往往确定由一方做账，但因不懂会计，致使账目不清，导致合伙人不信任，做起事来就不容易尽心尽力。成功机会就更渺茫了。

■ 小本经营注意事项

创业是为了什么？赚钱！创业者大多启动资金数额偏小，选择开家小店是很多投资者的心愿，在开店前要注意些什么呢？以下四点，准备开店的创业者们可要看好了：

1. 跟着兴趣走。兴趣是先导，你感兴趣的事，即使连续做上十几个小时，你也全然不觉得累。如果只为赚钱，去做乏味的事情，不到一会儿就会焦头烂额了。兴趣、爱好在小店的拓展中功不可没，选择你最感兴趣的项目开店，会使你乐在其中，全力以赴。若你浑身充满创造力，内心热情如火，可考虑经营自助火锅店、传统小吃店；若你爱好精致有品位的物品，开个时尚饰品店、二手精品店、手工艺品专卖店及小型咖啡屋，能让你一展雄才；若你常常跟着感觉走，时时设身处地为他人着想，宠物店、花店、园艺店正需要你这种特征。开创一项新事业是比较辛苦的，兴趣、理想与热情是支持投资者坚持到底的动力，甚至决定着新事业未来的发展。因此请创业者切记：创业还需以兴趣作为先导，当做事业来做，当作一个个人品牌来做。

2. 凡事量力而行。有了兴趣，你觉得自己适合创业吗？你觉得自己有做先行者、执行者的能力吗？每一个行业都有进入门槛，投资者如果不具备这方面的条件就贸然涉足，失败的可能性较大。因此，自己的能力是最重要的参考因素，要量力而为。

3. 市场调查要充分。在当今这样的信息社会中，谁手上掌握的资料越细越全面越精准，那么就越有助于他做出正确的决定。俗话说，知己知彼，百战百胜。投资者要充分掌握相关信息，如该项目的市场前景如何、赢利状况如何、投入资金多少、竞争激烈程度如何等。信息越丰富，失败的可能性就越小。

4. 创业之前要准备，不打无准备的仗，一切没有就绪前不要冒然开始创业。你应该了解的问题、你应该准备的经验，另外，在店面装潢、购置设备的同时，投资者要多走动走动，与附近的“邻居”做好和亲睦邻的工作，并且熟悉当地市场，开发潜在顾客；在筹备期间，就应招募足够的工作人员，并事先做好训练工作，才能从容应对开业时的繁忙。

全面的准备是为了你更顺利地走在创业路上。

■ 如何挑选加盟好项目

据调查显示，创业成功的人大多是加盟店的，而个体创业风险会大一倍多。哪些是属于加盟店呢？如肯德基、麦当劳、安踏、李宁、小肥羊等等，都是以特许加盟这样的模式在经营。不可厚非，这是一种非常优秀的创业模式，它对项目经营者和项目加盟者都有很大好处；对项目经营者而言，采用了特许加盟的模式，可以迅速将自己的规模放大上百倍，收入增加上百倍。比如，如果你经营了一家店，每年能够轻松赚 10 万元，而你的模式很好，然后你就可以用特别加盟来推广自己的项目，可以快速在全国建几百个店，年收入增长到千万元以上。复制了一种成功的模式，成功就像如何做一项作业，你不偷懒，按部就班，成功的几率就会很高。

如果你有很好的项目，对自己的项目准备充分，行动有信心，那么你可以干自己的。有些人自己的规划能力不怎么强，又十分想创业，那最好还是选择加盟。对于项目加盟者而言，直接去加盟一些比较成功的项目的话，成本低，风险低，可快速创业赚钱。因为加盟者是直接复制成功的项目和运营者的品牌、模式及经验。最重要的品牌的知名度都已经非常高，省却了加盟者大量的广告费用。

在这里，我不得不给我们的创业者们当头一瓢冷水，这种优秀的模式在中国还存在着很多严重的问题。

骗取加盟费：这点大家都应该知道，加盟是要收加盟费的，并且价格不菲。哪里有钱赚，哪里就有人钻空子，弄虚作假，很多骗子在其中投机取巧。他们把一些很垃圾的项目吹得天花乱坠，百鸟齐飞，然后猛投广告推广，以骗取加盟费。据一些业内人士声称，目前在广告中看到的那些加盟项目中，有百分之八十都是纯骗加盟费的。这个数据听起来让人害怕，也许没有这么高，但是足以说明了这个行业的混乱和严重性。因为有很多骗子常年就是包装各种各样的加盟项目来骗加盟费。在此提醒创业者，还是那句，一定要调查清楚、准备充分才行动。

避免急功近利：创业是令人兴奋与激动了。好不容易不用帮人家工作了，现在干的一切都是为了自己。创业者初始总想一口吃成一个大胖子，全然不顾其他方面的条件。有许多加盟店也是如此，这几年也出现过不少比较优秀的项目，但是由于太过急功近利，发展太迅速，常常由于管理、加盟制度等各方面出现问题而迅速完蛋。

说这么多是让大家有个思想准备，考察的过程中多一个心眼，而不是被吓倒就不往这方面发展了。我们当然不可能因为一些苍蝇就全盘否定了这个大好的创业方向。那么，如何选择创业加盟项目呢？下面教你几招以点亮你的火眼金睛，验明加盟项目的真身：

有些项目的表面工夫做得十分漂亮，可表面与实质却又是两码事，所以创业者千万不要被项目运营商的表面迷惑了。气派而宽大的办公室、比较火爆的加盟场面、火爆的加盟店等等，这些都是很容易搞出来了。哪怕他是在北京朝阳区的 CBD 商圈租了一层楼，也不代表这家公司真的有实力。很多这样的公司，表面看起来很有实力，加盟费骗的差不多的时候，很快就人去楼空了。另外，就算这家公司真的有实力，也不代表他的项目是好项目。门面与项目的实力某种程度是成正比，而有时候未必。创业者还需睁大眼睛看清楚。

还是那句：创业前的调查必不可少。如果你决定要去加盟一个项目，那么就要以多种方式从多个角度去考察这个项目，千万别让项目运营商领着你看它的加盟店。因为当项目运营商领着你去看他的项目加盟店的时候，那种表面的火爆可能是演出来的。所以考察一个项目时，一定要自己独自去查看。对于那些在招商大会上讲自己如何如何成功的加盟者，决不可轻易相信，有可能是托。所以，当你考察一个项目的时候，不要给他人以准备假象的时间。如果真有其实，我们是随时可以去参观的，不是吗？

针对一个项目，创业者需要了解以下几个方面：

项目现在赚钱么？关键是看现货，不是看他的历史伟绩，也不是憧憬他的美好将来。如果只是在吹着未来会赚钱的项目，千万别轻易相信。除非你对这个项目所在的行业是超级了解的。

你适合做这个项目吗？创业者应当选择适合自己的而不是赚钱的。毕竟创业成功才能赚钱，不是吗？因此，选择创业，要选择自己喜欢的领域，不能仅仅因为觉得可能会赚钱而就去做。那样很容易失败，一定要选择你喜欢的、了解的，并且有相关资源领域的项目。

加盟制度完善吗？不论项目有多好，那是人家的。你要加盟，就一定要了解清楚你与运营商之前的那些条条框框是否完善。你要考察这个项目加盟商的知名度、品牌、模式、加盟后的培训，以及后续服务的保障等等。

另外，这里提醒你加盟一个项目，你购买的是以下几方面的东西：

- 品牌经营权
- 运营的模式
- 运营的经验

其中又以运营成功的经验最为宝贵，成功经验是可以模仿的，很大程度上是可以复制的。你出钱加盟，这也是你应该看的最重要的。因为对于一个项目而言，运营的能力超过了这个项目的形式。好的项目，不懂经营，依然会完蛋。不是特别好的项目，经营得当，依然可以很赚钱。总之选择了加盟创业，你最重要的是要先把项目经营者成功的经验学到手。这也是创业成功的重中之重。

■ 寻找最佳货源

不论开什么店都是卖产品或服务的，我们的产品与服务当然不可能完全靠自己制造。所以，如何寻找货源就成了创业者的另一个问题，成了很多人创业的一道坎。这里以服装店如何找到好的货源为例向大家介绍：

加盟服装品牌店。关键在于你挑选哪个品牌加盟。选准某个品牌后，只需要在某个品牌厂家或是总代理那里去选货，进货就可以了。这里就不再详述。

多品牌服装经营，或是做杂牌，其实这也是许多创业者考虑的路线。消费者的选择更多，经营者也需更花心思与精力。如果你在省会以上的大城市开店，店面比较大，装修也够一定档次，就要亲自去进一手货源。一般是到国内主要的服装生产地或主要集散地去进货。常见的是广州、杭州、武汉、福建、温州等地（大家可以在网上搜寻，这里就不列举了）。在这些地方一般都可以一次搞定开家服装小店的货，同时也可以了解一下别人店里是如何装修，如何布置，开店的选址，价格等。以便于你开店时参考。如果你在中等城市，或是小城市（集镇）开店，你的进货量不大，可能进货比较频繁，不断转换，数量也不多，就不用选择去那些地方拿货，去一次费用太高（建议在每季开始时去一趟，目的主要是了解流行趋势）。可以在各省的大型批发市场进货，价格高不了多少，比你去一次远门更划算。要知道和当地的批发商搞好关系对你小店的经营大有好处。譬如你可以调货、换货甚至退货，享有很多优惠条件（记住：有钱大家赚是做生意的根本，怕别人赚了钱，你就不可能赚钱！）别人是批发商，对流行趋势的把握、规避风险、资金、眼光都比你好，借别人的智慧也是好办法之一。你没成气候之前就多花钱去学别人的成功经验，这是值得的。等你稳固后，就不再需要花这笔钱了。关于进货又需考虑以下几个问题：

1. 进多少货合适？店开起来了，要进多少货呢？一般情况下，创业者需要准备两手资金，进货资金与补货资金，还要准备有点结余，万一部分货压住了怎么办？不要把鸡蛋放在一个篮子里！对小的零售店而言，一个色，一个码进一到两件（套）就可以了。关键在于款式多种多样，消费者走进来有选择的余地。

2. 杂色杂码怎么进货？大家都知道服装大多是同款分多个颜色，多个尺码，进货时应当怎样拿呢？这里建议进货不要全进。一般有两个色足矣（可根据当年流行趋势和当地欣赏水平来进）；对尺码也要有把握，中间多进一倍，两头少进。对裤子一类产品，有的批发商最低要求整箱进，对尺寸的把握尤其重要，可以和商家商量，数量不变，但要自己选码子。

3. 货品主次分明。即使你是开小店，是做杂牌子，也不要每样都拿一点，杂乱地夹在一起。一定要有一条主线，这是很多做杂牌店的经营方法。连带产品不要忽视，有时可以收到意想不到的好效果。

4. 尺寸要注意。进货时一定要注意尺寸，有些尺寸是比较容易销的，有些尺寸需要的消费者并不多。断码的是哪些你留意过没？请人打包时，要注意看看有没有装错货。尽量争取好的换货条件。

5. 去批发市场拿货。最好的方式是可以见到现货，这样就不容易出错，去批发市场就是一个不错的选择。也可以找服装工作室进货。网上进货要注意安全，不熟悉的店可以多了解一下。不要只看相册，服装不仅要看色彩和款式，面料很重要，相册只能看，不能摸，可以让对方寄一点面料小样，权衡一下。

6. 进处理货。有些人觉得进处理货会便宜一些，也会好卖一些。这样的方式是否可行呢？这要看情况。如果你是专门做处理货的，可以考虑，不要贪一时便宜。既然是处理，总有各种各样的问题，没把握还是不做的好。

7. 避开竞争，错位经营。如果大家都卖一样的服装，那就没新意了。你要看看你的隔壁都卖什么货，你卖与他们有区别的，这样才会令消费者眼前一亮。不要看到别人什么货好卖就去跟风，这样是万不可取的。广东人有句话说得好"喝头啖汤"。意思就是不吃人家的剩饭。别人有别人的客户，你有你自己的客户。优势不可复制，只能互补。切记！

8. 追求新意，要与众不同，不跟风。从进货方面来说，应舍近求远，舍易求难。谁都可以轻易进到的货，到处都是，就不会那么容易吸引消费者，也不会很好卖。有句老话说得好："人叫人千声不语，货叫人点头就来"，说明了进货的重要。

以上仅仅只是总结了几条应该注意的事项，创业者可以先从这里起步。

■小本经营创业致富的十把金钥匙

许多创业者刚刚开始未有实力招兵买马，都是独做光杆司令。又当爹，又当妈，辛苦经营。这也应了古人那句：万丈高楼平地起！任何事业都是从小到大，由点滴做起的；在不断总结经验、积累资金的过程中，慢慢就可发展起来。万事开头难。下面我们在总结前人经验的基础上，结合当代社会发展特点，给小本经营创业者总结了致富的十把金钥匙：

1. 创业启动资金最小化。创业之初尽量减少开支，少花钱多办事。避免举债，避免投下家庭储蓄，成功机会并非百分百的新事业，不值得你这样冒险。你计划的事业要由现有的构想和你个人的才华及专长做起，而且只需要少许现金。此时你便不妨不带任何压力，全力以赴，放手一搏。

2. 懂得销售自己。创业者卖产品与服务，可他本身就必需是一个热销的产品，受人欢迎。懂得销售自己。创业伊始，人们买的是你，不是你的产品。只要你知道如何销售自己，初期投资并不需要准备大笔资金。开业三十天内，你就可以找到客户，现金60天内就会进来，帮助推动业务成长。

3. 对客户要大方。有些人往往一开始就想猛赚，创业是一条长线，长长久久的事，我们建议，新事业不宜对顾客收费过高。甚至必要时提供免费服务给顾客，让他们知道你能做什么。就算后来没有签约，他们也会介绍其他付费客户给你。有时，你得用小鱼钓大鱼。

4. 节省成本。刚开始创业时最好能尽量开源结流，利用一切可以利用的资源去摸清方向与市场。你可以考虑是否由家中直接提供产品或服务？你不要认为这是小打小闹，许多创业者仅仅利用卧房一角，以一桌、一椅、一台小电脑，开始他的事业。一切从小规模开始，逐渐扩大。别人可以这样走过来，你为什么不可以呢？

5. 讲究效率，尽量让一切电脑化。什么都慢吞吞，也就失去了市场竞争力。不论哪个环节都要追求最快的速度、最高的效率，别人还没反应过来，你已经完成工作。对，就是要这样的效果。

6. 身兼数职。创业者刚刚开始都是身兼数职，千万不能偷懒。你可以把会计、书信等行政工作留到夜晚。这些事绝对不能占用朝九晚五的时段。这个黄金时段只能用来建立人际关系，作简报、打电话，或与客户面对面交谈。和客户谈了一天，回家后才从事不能产生收入的工作。选择了创业就不能偷懒，老板都是这样干起来的。

7. 善待你的顾客。对于购买消费你产品或服务的顾客,你是应该心存感激的。他们就是上帝，请善待他们，永远有礼貌地和顾客说话，不论他们有时多么令你生气。记住，顾客不仅是国王和王后，还是独裁者。没有人比小企业经营者更清楚这一点，要尽力使顾客满意。我的做法是介绍上虽指明服务项目，但我经常多做，超出顾客期望。经常超越合约项目，提供更多服务。超过顾客期望，这便是小企业最好的广告方式。不是说每个人背后都站着 250 个人吗？你收买一条人心，就能得到 250 个人的支持。

8. 绝不放弃。刚开始大都会很艰难，需要慢慢克服，找到解决办法。想想当初的勇气，即使失败，也绝对不要放弃，成功经常就在失败的另一侧。 失败代表你已经在成功的道路上，只要失败次数增加，努力的时间够长，途中做出聪明的选择，你终会成功的。

9. 独自经营。有志同道合者，兴趣相投，又合拍合节奏，那你可以选择合伙创业。一般开始创业时，避免邀其他人合伙。合伙就像婚姻，你愿意接受这样的束缚吗？更何况，统计显示婚姻的合伙关系，两对中就有一对以离婚收场。一般来说，如果你想创业，最好自己来。当然，这得由你自己决定。

10. 善待自己。开始创业了，做老板了，也不能什么都一次做完，做牛做马似的，全然不顾自己的身体。也许待办事项堆积如山，也要强迫自己星期六或星期日休息一天。你损失的那一天，会因为下周生产力增加而加倍补回，而且家人和顾客也希望你这样做，因为休假使人愉悦快乐。抽出时间运动，和家人出游，或者看场电影，让你暂时忘记业务，工作反而更有效率。懂得休息、享受生活的人，更懂得做事。有张有弛才是生活之道。

你现在准备好了吗？如果已经 Ready, 那就 Let’s go!

■ 注册公司的程序和步骤

许多创业者选择注册成立一间公司，注册公司的程序和步骤有哪些？下面我就来具体介绍一下。首先是选择公司的形，这里是比较适合小本创业者的选择：普通的有限责任公司，最低注册资金3万元，需要2个或2个以上的股东。

从2006年1月起，新的公司法规定，允许1个股东注册有限责任公司，这种特殊的有限责任公司又称“一人有限公司”（但公司名称中不会有“一人”字样，执照上会注明“自然人独资”），最低注册资金10万元。如果只有你一个人作为股东，则选择一人有限公司，最低注册资金10万元；如果你和朋友、家人合伙投资创业，可选择普通的有限公司，最低注册资金3万元。建议你准备好注册资金3万元。具体每个省市可能有所差异，请到 http://www.54288.com/fortune/policy/index.html 查看。

注册公司需要准备以下注册资料：

个人资料（身份证、法人户口本复印件或户籍证明、居住地址、电话号码）

注册资金

拟订注册公司名称若干

公司经营范围

租房房产证、租赁合同

公司住所

股东名册及股东联系电话、联系地址

公司的机构及其产生办法、职权、议事规则

公司章程

以下是注册公司的步骤：

1. 核名：到工商局去领取一张“企业（字号）名称预先核准申请表”，填写你准备取的公司名称，由工商局上工商局内部网检索是否有重名，如果没有重名，就可以使用这个名称，就会核发一张“企业（字号）名称预先核准通知书”。工商名称核准费是40元，交给工商局。40元可以帮你检索5个名字，很多名字重复，所以一般常见的名字就不用试了，免得花冤枉钱。

2. 租房：去专门的写字楼租一间办公室，如果你自己有厂房或者办公室也可以，有的地方不允许在居民楼里办公。你要交房租给所租办公室的房东（所有权人），假设办公室的房租是 1000 元 / 月，一般起租最少 6 个月，6 个月的房租是 6000 元。

3. 签订租房合同：你要与你所租的办公室的房东签定租房合同，并让房东提供房产证的复印件。租房合同打印费 5 份 15 元，房产证复印件 5 张 2.5 元。

4. 买租房的印花税：你要到税务局去买印花税，按年租金的千分之一的税率购买，贴在租房合同的首页。例如你每年的房租是 1.2 万元，那就要买 12 元钱的印花税，后面凡是需要用到租房合同的地方，都需要是贴了印花税的合同复印件。

5. 编写“公司章程”：可以在工商局网站下载“公司章程”的样本，修改一下就可以了。章程的最后由所有股东签名。假设章程打印 5 份（股东 2 人各 2 份、工商局 1 份、银行 1 份、会计师事务所 1 份），章程打印费 15 元、下载公司章程的上网费 2 元。

6. 刻私章：去街上刻章的地方刻一枚私章，给他们讲刻法人私章（方形的）。刻章费用 20 元。

7. 到会计师事务所领取“银行询征函”：联系一家会计师事务所，领取一张“银行询征函”，必须是原件，会计师事务所盖鲜章。如果你不清楚，可以看报纸上的分类广告，有很多会计师事务所的广告。银行询征函 10 元。

8. 去银行开立公司验资户：所有股东带上自己入股的那一部分钱到银行，带上公司章程、工商局发的核名通知、法人代表的私章、身份证、用于验资的钱、空白询征函表格，到银行去开立公司账户，你要告诉银行是开验资户。开立好公司账户后，各个股东按自己出资额向公司账户中存入相应的钱。银行会发给每个股东缴款单，并在询征函上盖银行的章。公司验资户开户费 20 元。

注意：公司法规定，注册公司时，投资人（股东）必须缴纳足额的资本，可以以贷币形式（也就是人民币）出资，也可以以实物（如汽车、房产、知识产权等）出资。到银行办的只是货币出资这一部分，如果你有实物、房产等作为出资的，需要到会计师事务所鉴定其价值后再以其实际价值出资，比较麻烦，因此建议你直接拿钱来出资，公司法不管你用什么手段拿的钱，自己的也好、借的也好，只要如数缴足出资款即可。

9. 办理验资报告：拿着银行出具的股东缴款单、银行盖章后的询征函，以及公司章程、核名通知、租房合同、房产证复印件，到会计师事务所办理验资报告，会计师事务师验资报告按注册资本收费。50万元以下注册资金验资费500元。

10. 注册公司：到工商局领取公司设立登记的各种表格，包括设立登记申请表、股东（发起人）名单、董事经理监理情况、法人代表登记表、指定代表或委托代理人登记表。注册登记费，按注册资金的万分之八收取。填好后，连同核名通知、公司章程、租房合同、房产证复印件、验资报告一起交给工商局。大概3个工作日后可领取执照。注册公司手续费300元。

11. 凭营业执照，到公安局特行科指定的刻章社刻公章、财务章。后面步骤中，均需要用到公章或财务章。公章50元，财务章50元。

12. 办理企业组织机构代码证：凭营业执照到技术监督局办理组织机构代码证，费用是80元。办这个证需要半个月，技术监督局会首先发一个预先受理代码证明文件，凭这个文件就可以办理后面的税务登记证、银行基本户开户手续了。

13. 去银行开基本户：凭营业执照、组织机构代码证，去银行开立基本账号。最好是在原来办理验资时的那个银行的同一网点去办理，否则，会多收100元的验资账户费用。开基本户需要填很多表，你最好把能带齐的东西全部带上，不然就要跑很多趟，包括营业执照正本原件、身份证、组织机构代码证、公财章、法人章。

开基本户时，还需要购买一个密码器（从2005年下半年起，大多银行都有这个规定），今后你的公司开支票、划款时，都需要使用密码器来生成密码。公司基本账号开户费20元，密码器280元。

14. 办理税务登记：领取执照后，30日内到当地税务局申请领取税务登记证。一般的公司都需要办理两种税务登记证，即国税和地税。费用是各40元，共80元。

15. 请兼职会计：办理税务登记证时，必须有一个会计，因为税务局要求提交的资料中有一项是会计资格证和身份证。你可先请一个兼职会计，小公司刚开始请的兼职会计一般200元工资就可以了。

16. 申请领购发票：如果你的公司是销售商品的，应该到国税去申请发票，如果是服务性质的公司，则到地税申领发票。开始可先领购500元的发票。

最后就开始营业了。

注册公司的费用：

工商局工商名称核准，40 元

公司办公室房租 6 个月，6000 元

租房合同打印费 5 份 15 元，房产证复印件 5 张 2.5 元

租房的印花税 12 元

下载公司章程的上网费 2 元，公司章程打印费 15 元

刻法人私章 20 元

会计师事务所的银行询征函 10 元

银行开立公司验资户开户费 20 元

会计师事务所办理验资报告 500 元

工商局注册公司手续费 300 元，信息卡 120 元

公章 2 个 120 元，财务章 1 个 60 元

技术监督局办理组织机构代码证 148 元

银行开立公司基本帐号开户费 20 元、密码器 280 元

国税税务登记证 60 元，地税税务登记证 60 元

兼职会计工资，200 元

申请领购发票，500 元

合计：8502.5 元

如果不算房租、会计工资、发票，则合计 1802.5 元。

注册资本最少 3 万元。

注册登记费按注册资本的 0.08%（1000 万以内），0.04%（1000 万以上的超过部分）收取

营业税：销售商品的公司，按所开发票额的 4% 征收增殖税；提供服务的公司，按所开发票额的 5% 征收营业税。

所得税：对企业的纯利润征收 18-33% 的企业所得税。

利润收入在 3 万元（含 3 万元）以下的税率为 18%，利润收入在 3 万元以上 10 万元（含 10 万元）以下的税率为 27%，10 万元以上的为 33%。

第三步 ☞ 第一块跳板(启动资金)

我们为什么要创业？不是钱多而是缺少钱，钱不够，想赚钱。启动资金成了无数创业者苦恼的问题，也成了许多创业者放弃优秀项目的重要原因之一。当你读到本章，请你坚持读完。也许你就可以从中寻找到方法“借鸡下蛋”，“灵活调动”资金，搭建创业的第一块跳板。

■ 创业集资借助银行政策

创业者刚开始大都是开小企业，而小企业集资也是非常困难的。现在“贷款难、融资难”的状况已经随着各商业银行纷纷出台的新举措而得到改善。再加上地方政府的大力支持，小企业的贷款融资环境也逐步向好的方向发展。那么，小企业应当怎样利用好这些政策和资源，顺利融资呢？下面大家来一起看看：

1. 不断循环贷款

我们一般贷款都是贷一笔清一笔的，银行也不允许贷款循环。这样给小企业造成很多麻烦与困难。但现在政策已经做出了人性化的改变。目前部分银行针对小企业营业收入的回笼特点，推出了小企业经营循环贷款，有适合抵押或担保的小企业均可向银行申请办理。这种贷款由银行和借款人一次性签订借款合同，在合同规定的期限和最高额度内，可以随时借款，随时还款，并可循环使用。这种贷款手续简便，借款时只填写借据，以后便不再逐笔签订借款合同。目前，建行、光大银行等都有类似的贷款产品。

2. 多人联保贷款

人多力量大，一伙人同时提供担保，这样银行有保证，小企业也可以得到最大的贷款额，可谓双赢。这是近来部分股份制银行推出的一项新贷款品种，它能较好地帮助银行防范贷款风险。这种贷款是借款人通过缴纳一定保证金的方式组成互助的联合担保小组，相互提供贷款保证担保，银行以此发放一定额度的贷款。这种贷款不需要其他的抵押和担保，更多地依靠企业之间的互相监督和约束。上海银行、上海农业银行等城市商业银行是此类贷款的先驱，且已相当成熟，特别受各地行业协会的欢迎。

3. 票据贴现融资

钱用出去了，大都有收据、发票之类的票据。如果只是短期融资者，就可以好好利用票据贴现来为自己做到资金周转了。很多小企业在办理结算时会收到生意合作方开出的商业汇票，其中的银行承兑汇票及商业承兑汇票需要一定时间才能兑付，这时许多小企业往往只能坐等兑付日期到达。其实，承兑汇票可以到银行办理票据贴现业务，是短期融资的重要资源。这种业务是收款人或持票人将未到期的银行承兑汇票或商业承兑汇票向银行申请贴现，银行便会按票面金额扣除贴现利息后将款项立即支付给收款人。

4. 动产抵押融资

创业者一般都有一些活动的资产，这些现在也可以拿来抵押贷款了。活动资产为自己不断产生利润的同时，还可为你带来活动资金，关键就看你知不知道运用了。比如招商、民生、广发等股份制银行以及部分私营经济发达地区的国有商业银行陆续推出了主要针对小企业的动产抵押贷款业务。动产抵押贷款是指借款人以其自有或第三人所有的商品、原材料、车辆及设备等动产向银行抵押，也可用国债、存单、银票等进行质押，并从银行获得资金的一种融资方式。办理动产抵押贷款的手续非常简单，只要将银行认可的物品进行抵押，就可以轻松获取一定额度的贷款。这种“死物变活钱”的贷款抵押模式有点典当的味道，但其贷款利率却大大低于典当行的利率，适合缺乏普通抵押资源、具有短期借款用途的小企业。

■创业筹集资金 13 大法则

巧妇难为无米之炊，资金是推动创业者实现计划的“米”，鉴于融资的重要性，下面我们为创业者又总结了筹集资金 13 大法则：

1. 风险投资

一个市场新秀如果想要得到风险投资商的青睐，首先得检查一下自身具备了哪些成功的素质？可从以下四个方面检测一下自身条件是否过硬：好的市场前景，优秀的技术，凝聚力强的经营团队，利润回收。而且能确认所得到利润，有办法兑换成外币。如果有这些条件的话，机会就相当好，也就可以吸引海外的风险投资基金。哪方面不具备，你就得好好想想应该怎样改善了。

不论你的项目有多么好，你拿出来的文字计划，即商业计划都必须经过仔细包装，认真规划。你可以找专业顾问公司帮你完成这份计划，一个好的商业计划就是一份好的介绍信，你必须认真有考究的去完成它，才能帮助企业找到资金，找到技术，找到人才，这些都需要专门团队协助。现在除了风险投资公司，在中国也相继出现了天使投资人。

每天都不一样，经济在不断变化，政策也在不断更新。像银行这样的金融机构也逐渐意识到了这一领域的高回报，通过一种新渠道对他们的资金做更有效的运用。因此，目前创业者不应该仅仅盯住国外的投资商，也要对国内的一些风险投资给予充分的重视。随时关注那些银行动态，也许就能为自己找到多一条集资的路线。

2. 基金担保

越来越多的下岗失业人员，部分在职领用薪水不满意的工作人员，创业意识在不断增强。然而，在创业起步阶段，大家都会面临一个共同而又普遍的问题——融资难。对于小企业来说，贷款担保更加困难。在上海市，作为与市政府“净增十万就业岗位”的配套措施之一，将原来的“再就业基金”改名为“促进就业基金”，并由上海市劳动保障局出台了《关于促进就业基金担保开业贷款的试行意见》及《实施意见》，这也为广大下岗失业想创业的人员带来了福音。目前该项基金担保的个人贷款项目主要有四种：一是开业资金贷款。指的是申请人为筹办非正规劳动组织或小企业所需启动资金的贷款项目，担保额一般不超过 10 万元，担保期限为 1 年；二是短期贷款。指的是申请人为解决生产经营的资金周转困难，提出的期限在 1 年以内的贷款项目，担保额一般不超过 20 万元，担保期限为 1 年；三是设备贷款。指的是申请人为开展已经有关部门登记的生产经营项目，购买所需设备的贷款项目，担保额一般不超过 30 万元，担保期限为 1 年；四是购置生产经营用房贷款。指的是申请人购买生产经营用房所需资金的贷款项目，担保额一般不超过 50 万元，担保期限一般为 2 年。所有贷款项目的贷款利息均按中国人民银行的有关规定执行和调整。如果你刚好有此条件，又想创业，那就请善加利用。

3. 保单质押

过去都视保险为骗子、传销。可现在越来越多的人已经接受并主动投保。可喜的是保险公司也为投保人提供了融资新渠道。这里大家都可以仔细看看，如中国人寿保险公司于2001年1月1日开始销售的"国寿千禧理财两全保险"，就具有保单质押贷款的功能。保险条款规定：投保人缴付保险费满2年以上，且保险期已满2年的，可凭保险单以书面形式向保险公司申请质押贷款；借款金额是保险合同当时的现金价值扣除欠交保险费、借款及利息后余额的一定比例（中国人寿、安联大众和友邦保险公司规定为70%；太平洋保险公司规定为80%），时间最长为半年。合理利用这些优势条件也许就能为你的创业初期融资带来机会。

4. 个人典当

过去典当铺到处都是，现在有了银行，典当铺就少了，也很少有人去关注了。其实借款人只要将有较高价值的物品质押在典当行，就能取得一定数额的贷款。有的典当行还开通了网上个人典当贷款业务，借款人可以通过网上办理贷款预约登记、申请贷款、还款和贷款展期等电子商务。

5. 信用卡透支

信用卡，你现在办了吗？如果还没有的话，那就去办几张吧。也许你也可以用得着，在企业资金比较紧张的时候，说不定还能帮你缓和一下。随着银行商业化进程的加快，信用卡（贷记卡）的透支功能日渐增强。目前，除了五大国有商业银行放开信用卡透支权限外，还有许多区域性银行也开办了信用卡透支业务。要想取得信用卡透支贷款，持卡人应向发卡银行的当地信用卡业务部门申请信用等级评定，银行根据持卡人及担保情况进行评定，以信用等级确定持卡人透支额度。透支期限60天，逾期久催不还即定性为恶意透支，银行会采取法律手段来收取透支本金和利息。使用信用卡，当然也得讲信用。

创业之初，遇到资金困难是很正常的事，即使是以后，企业扩大也难免会遇到这样或那样的问题而带来暂时的资金周转不灵。"资金缺乏"是普遍现象，银行家少的是几十亿，企业家缺的几百、几千万项目基金，巷子口的小店也需要借个几千元周转。资金不足并不是创业的绝对障碍，你可以从不需要大量资金的小生意做起，或是把你的创业计划缩小，再不然你还可以把它拆作几个分块，总之，你总找得出办法，先把生意做起来，等最初的生意做成了赚了钱，才设法扩大生意范围，这种原始积累的融资方式并非不可为。

6. 靠创意融资

创业最主要的是有一个好的创意，你想到了，别人还未想到。所谓创意也就是一个成功性极高又可以抓紧观众眼球的卖点。你能说出你独特的“竞争优势”，这个优势还得保证即使整个世界都知道你有这样一个创意，你也一定会赢。除了有好的创意或者某种竞争优势还不够，公司人人能建，但你会经营吗？如果你能用不多的几句话说明上面这些问题，并提起投资商的兴趣，那么接着你就可以告诉他你计划需要多少资金，希望达到什么目标。如此一来，你集资成功的机会就会大大增加。

7. 先入为主

突出自己的优势来集资。首先是先入优势，一块处女地，如果你是第一个开发者，你怎样做到风险低而利润高。另外值得注意的是，先入者并不一定能保持长久的优势，如果你强调先入优势，你必须能够讲清楚为什么先入是一种优势，是不是先入者能够有效地阻碍新进入者，或者用户并不轻易更换供应商。只有眼前与长远你都为投资者解决好了，那他才可以放心大胆投资给你。

8. 注重市场

创业者靠什么赚钱？靠卖产品与服务。只有产品与服务本身对市场具有吸引力，推出来后才会受顾客喜欢，才是创业成功的关键所在。所以，决定一切的是市场，而不是技术水平。许多新兴企业，尤其是高科技企业的企业家都是工程师或科学家出身，由于其专业背景和工作经历，他们对技术的高、精、尖十分感兴趣，但是投资人关注的是你的技术或产品的盈利能力，你的产品必须是市场所需要的。技术的先进性当然是重要的，但只有你能向投资商说明你的技术有极大的市场或极大的市场潜力时他才会投资。很多很有创意的产品没能获得推广是因为发明人没有充分考察客户真正需要什么，没有选准目标市场或者做好市场推广。投资家是商人，他们向你投资不是因为你的产品很先进，而是因为你的企业能赚钱。总之，赚钱才是硬道理。

9. 发展规模

如果你坚信投资者给予你资金后，你可以将企业发展起来，可以拓展规模。那么就请你不要只是对于市场规模的描述空泛而谈，或者没有依据地说自己将占有百分之好几十的市场份额，这样并不能让人家相信你的企业可以做到很大规模。而是应当拿出一些具体实际的例子或数据来进行证明。

10. 少提竞争对手

竞争对手越多，只会令投资者越担心所存在的风险。所以，创业者集资时为了强调企业的独特性和独占优势，可以避免谈及著名的竞争对手，或者强调竞争对手很少或者很弱。事实上，有成功的竞争对手存在正说明产品的市场潜力，而且对于创业投资公司来说，有强势同行正好是将来被收购套现的潜在机会。

11. 预测利润空间

要预测利润的空间就一定要知道销售量有多大。而创业者最常见的错误是先估算整个市场容量，然后计算自己的企业将获得多少份额，据此算出期望的销售额。还有另一种预测也是空洞的，先预计每年销售额的增长幅度，据此算出今后若干年的销售额。过于乐观的估计会令人感到可笑。例如有人这样估计营业额：我发明了一种新鞋垫，假设全国人民每人每年买两双，那么市场容量有26亿双，我们只要获得这个市场的一半就不得了了！你给投资者预测利润空间，就一定要令他感觉到实在，而不是你的美好憧憬与想像。比较实在可信的方法是计划投入多少资源，调查面向的市场有多少潜在客户，有哪些竞争产品，然后根据潜在客户成为真实用户的可能性和单位资源投入量所能够产生的销售额，最后算出企业的销售预测。用调查，用数据，用实际的事实来说话，这样更会令人信服。

12. 随时演讲很重要

机会随时都在，不论在什么样的场合，也许是与你同乘电梯，也许是与你同坐一班飞机，也许是同一间饭店用餐，总之很有可能你会在公共场合偶然遇到一位投资家，也许投资商根本不想看长长的商业计划书，你只有几十秒钟的时间吸引投资商的注意力。当他的兴趣被你激发起来，问起你公司的经营队伍、技术、市场份额、竞争对手、金融情况等问题时，你已经准备好了简洁的答案，你就有机会得到他的投资。

13. 与投资者讲价钱

投资者与创业者往往都有一个交流的过程。他们住住会对企业有个不同的估价。投资者对创业企业的报价往往类似于升价拍卖，如果投资者真的很看好这家企业，他会提高对企业的作价，到双方达成一致意见为止。另一方面，创业企业在融资时的报价行为类似于降价拍卖，刚开始时自视甚高，期望不切实际的高价，随着时间的推移，企业资金越来越吃紧，投资意向一直确定不下来，锐气逐渐磨钝，结果最后接受现实的价格（虽然有时不那么情愿）。

以上的 13 条集资法则，总有一条或几条是适合你的。如果你刚好遭遇集资难题，那么请好好根据自身条件作出思考，找到最有利于你的方式。

第四步 ☞ 触摸成功路上（小本运营）

一流的创意尚需一流的执行力才能拥有完美的结局。创业原本就属于摸索前进的一项事业，前方的道路困难重重，变化无数。如何给自己一个努力的框架？如何点亮一盏照亮前方的指明灯呢？下文可以帮你做到，你需要做的是一一对照，投入使用。

■ 创业企业该如何设计薪酬

企业做起来了，人手也多了，企业创始人就面临着一个重要问题：如何设计员工薪酬制度呢？许多创业者在创业初期都面临着这个重要问题。这个问题的复杂性在于：首先，对不同层次的员工采取何种不同的激励制度？其次，有各种薪酬制度可供选择，如员工持股、期权制等等，哪一种制度最适合你的企业？另外，随着企业的发展，企业的薪酬制度是否应该作相应的调整？

复杂的事情，简单做。总的说来，初创企业的薪酬设计可以考虑如下原则：

高工资、低福利的原则。创业之初，还是讲求实际的好。

1. 简明、实用原则。很多时候，越简单易行的往往就是最好的。

2. 增加激励力度。最大限度地激发员工的做事干劲，把气氛带动起来。

3. 建立绩效工资制度。什么都白纸黑字，清清楚楚，这样员工做得也安心。

4. 把握工资差异化原则。谁为公司创造的利益多，谁就应当得到更多。所以优秀员工与普通员工的工资是需要有些差异的。这个差异要适度把握，同个工种、差不多质数的人工资差异过大，容易引起工资少的那部分人不满，而如果工资差异过小，优秀者与普通者差不多，又容易打击优秀者的积极性。不妨将同一工作岗位的工资底薪定为一样，而超出标准多少的，加多少工资这样来计算，优秀者会更努力去争取，而普通者也会积极去争取获得更多的工资。

企业部门不同，所负责工作的性质也不一样，工资当然不能吃大锅饭，简单来分。企业内部可以分为：技术高度密集型岗位、部门和一般经营、服务型两类。两者在工薪制度上将有所区别：技术高度密集型岗位，企业对所招募的员工有比较强的依赖性，所以为了招募到技术人才，在工薪设计上必须考虑企业的长远发展目标和相对的稳定性。为此，工薪制度应采取灵活的组合方式，如直接给股份、高薪加高福利等。尽量根据对方的意愿，采用对他激励最大化的方式。

制定制度的时候，创业者可以灵活处理，现在有很多成功的模式可以参考。创业者可以针对不同的部门实行不同的企业制度。例如，对一般经营、服务型部门和岗位，可以采用岗位、级别的等级工薪制度。该项制度建立得越早越好。根据企业的岗位需求和实际能力，以及员工的实际能力和水平，有目的的定岗、定员和定级、定薪。员工进入企业有明确的个人定位及发展目标，岗位的变化与薪水具有必然的联系。

有的人喜欢将企业的工薪制度与企业的激励制度混为一谈。其实这是两个不同的制度，创业初期加以区分对待对创业者是十分有利的。否则会导致基本工薪制度与激励制度的混乱，使员工的工作热情受到打击。企业管理者要对作出杰出贡献的员工给予激励，就不能采用在原岗位直接加薪的简单方法，而应采用一次性奖励或升职加薪的方法。适时性，即效性兑现也是最好的激励方式。

■ 创业企业管理一定要简单

公司建立初期的管理制度以简单实用为准则。没必要弄得跟大型企业一样，条条款款一大本。主要抓好人和财两个方面就可以了。人事管理方面，制定考勤制度、奖惩条例、薪资方案等制度。财务方面，制定报销制度、现金流量、制定预算、核算和控制成本等制度。另外，具体操作还有以下一些建议：

1. 要有明确的企业目标，并且成员应该达成共识。所有的力量、资金、信心与精力全都凝聚在一点。企业运作初期，创业者应该将企业的目标清晰化、明确化。有了目标，才有方向，才有一个共同的远景，这种共识能够大大减少管理和运作上的摩擦。

2. 书面规定最高决策人。每个人有每个人的意见，不能不论做什么都大家一起讨论，一起决定，那么等到最后决定下来，什么也做不成了。明确“谁听谁的”和“什么事情谁说了算”，并用书面的正式文件规定下来。组织架构设计中最根本的问题就是决策权限的分配。因此明确每一个核心成员的职责对管理是否畅通非常关键，否则创业者的兄弟意气会让管理陷于混乱。

3. 坦诚相待，创业初期企业规模比较小，人员组成也不会很多。当然运作的过程中会遇到许多问题，这些都可以直截了当地进行沟通，大家都应遵循开诚布公、实事求是的行为风格，把事情摆到桌面上来讲，不要打肚皮官司。

4. 组建管理团队，不论企业动作如何，都不要你干你的，我干我的。可以组织管理成员，形成一个团队，定期交换意见，讨论诸如产品研发、竞争对手、内部效率、财务状况等与公司经营策略相关的问题。一般采取三级管理结构，决策层、管理层、一般员工。

5. 制定管理制度。管理不能随心所欲，一个人说了算。基本的准则，都应该有一套制度。强调人人都必须遵守，不能有特权，也不能朝令夕改。当公司发展到一定的程度并初具实力时，就要意识到自身能力上的缺陷，尽可能聘请一些管理方面的专业人才来共图大业。

6. 注意财务监控。市场销售是直接为企业带来利润的，不要一味冲锋陷阵，拼命拿单，加班加点供应产品与服务，而视财务为可有可无的。其实这样你就大错特错了。研究表明，许多初创企业在一年内就倒闭的直接原因是因为财务管理不善，应收账款中的坏账太多，频频发生流动资金短缺问题。初创企业的财务部门常常是一个会计、一个出纳，完全不足以应付如此众多的挑战。创业者要特别注重财务监控问题，不能简单地把财务管理视作“记账”，要由有专业技能的专人负责，并且有相应的激励机制和评估体系。财务是关系到企业成败的一个关键所在。

7. 避免不良社会关系。创业初期很多小企业员工多半都是亲属关系、邻里关系、血缘关系、同学关系等等，相互之间有着千丝万缕的社会关系，这些关系在一定程度上影响着企业内正常的工作关系。按规范行使企业管理往往比较困难，规范的制度体系缺乏必要的实施环境。

■ 节约创业成本 28 招

大多创业者就是因为没钱想赚钱才创业。怎样用最少的投入获得最大的回报呢？怎样在创业中尽量节省成本而让利润最大化呢？其实懂得省钱就是懂得挣钱，尤其在金融危机之下，显得更加重要。下面马上教你节约创业成本 28 招，利用这些“小气”的省钱策略能帮你的公司节省一大笔钱。

1. 循环广告

顾客购买了你的产品，当你将产品或发票邮递给他时，不妨将企业的广告资料一起投递，这样可以节省运费和其他费用，又为自己做到了进一步的宣传。同样，在顾客购物时，把夹带有优惠券、新闻简报或其他促销传单的袋子一并给他，这样也可以增加更多的购买机会。

2. 营销联盟

你肯定有竞争对手，特别是邻里的，关系处理不当，会给各方带来损失。你不妨把他们都变成你的朋友。与公司业务相关联的周边企业一起推广，从而分担广告和促销成本。与销售互补性商品或服务的公司，共同进行户外促销，或采取营销联盟的方式，共同分享邮寄名单、分销渠道和供应商。

3. 朋友帮忙

销售第一步就是销售你的本人，你就是最好的产品。别人先认可你，接着才会购买你的产品。而朋友是已经走出了第一步的，你最需要得到的支持是，让需要你的产品和服务的人，帮忙向其他人推荐。所以要大胆地去做。这些朋友也可以给你的产品和服务提出一些建议。随着推荐人的增加，来自这个群体的购买潜力也会继续提高。

4. 愉悦顾客

每个顾客身后都有 250 个人脉关系，如果你最大限度令他愉悦，那他就是你企业的最佳免费活广告。在正式或者非正式场合，告诉人们那些已经使用了公司产品或服务的顾客所获得的回报和愉悦，这样做可以鼓励其他人使用你的产品或服务。

5. 电视广告

有些电视时段的购买是比较便宜的，如果你的产品合适，也可以留意，选在播出空档时段，有线电视台常常有较为合理的广告费率。虽然你不一定能把信息传播给黄金时段的观众，但会给看电视的潜在客户留下印象。

6. 顾问销售

随时随地都要表现得像一个顾问，一个专家。你就是行家，可以通过举办培训课程，在社区会议和活动发表演说上，或为当地报纸写篇文章，这些都将使你看起来像一个专家，同时也会以低成本为公司赢得公众注意。

7. 搜索顾客

现在是网络盛行的时代，你需要研究你的市场定位，很简单的方法，通过网上论坛寻找对你的产品或服务可能感兴趣的潜在顾客。

8. 网络交易

现在有几个购买力强的顾客不会上网？网络购物也越来越盛行，你也不能丢失这一机会。你认为展开电子商务需要花费很大的力气和精力吗？那么你可以从拍卖网站开始。如果你想建立一个专业的网上商店，也有一些提供一站式解决方案的服务商，通常只需付很低的费用即可。

9. 论坛发帖

适合你产品的销售论坛和社区很多，你可以在网上搜索并加入进去。在你的网络签名里加上公司的网址，当然，要提供有用的资料，人们才会点击你的网站。

10. 博客宣传

博客与域名绑定（45 元 / 年左右），利用注册功能揽住更多的潜在客户留下邮件、电话等联系方式，注册可以免费赠送一些与产品相关有吸引力的资料，同时资料里有联系方式，有怎样获取更多免费资料的方式。如介绍五个有兴趣的好友来注册完成，就可获得另一套免费资料等等。

11. 软文宣传

征文讨论公司产品，以软文被圈子加精或论坛加精为标准，或收集链接网址由公司评选一百位，获奖者免费赠送公司产品，以达到全国互联网宣传的目的。

12. 宣传自己

你正在努力让人们知道你的网站吗？试着把网址放在你的信笺里、名片上和电子邮件签名中，所有潜在的消费者都将有可能看到它。也可以把它印在员工制服、将要发出的宣传品、所有新闻稿、黄页广告和公司车辆上。

13. 墨盒循环

采购可循环使用的打印机墨盒供应商。

14. 免费表格

网络上有大把的种类齐全的表格，你可以下载、修改、定制，然后打印。

15. 免费软件

购买一款软件，肯定是价格不菲，其实大可不必这样做，很多软件下载网站都提供数以百计的软件产品，包括完全免费的软件、免费试用版软件或者完整软件产品的有限版本。有些软件厂商也在网站上提供免费试用版下载。常用软件下载：也就是 http://www.vip18.com/software.html，也可以去 http://www.chaxia.com/Software.asp 查一下，非常全面。

16. 二手设备

没必要什么都购买新的，这样成本也会很高。你可以采购二手的电脑设备，复印机和办公室家具，可节省高达 60%的成本，从商店、拍卖行业和分类广告等处可找到相关信息。

17. 租借员工

临时工作量加大，又不是长期的，就没必要请回一个员工，又要培训，耗时耗力。可以通过专业的租赁组织寻找相应的员工，将帮助你节省大量的员工支出成本。

18. 随机应变

小公司的最大好处就是灵活，你可以根据公司的具体情况适当调节内部资源。如业务增长缓慢时，辞掉那些闲散的雇员；业务激增时，不妨考虑聘用临时雇员。

19. 用实习生

实习生里面有很多优秀者，最重要的是成本低。他们不会计较在乎工资是否太低。给予当地高校学生实习机会，你可获得免费或低成本的帮助，同时可以发现优秀的潜在员工。

20. 委托销售

刚开始没必要请那么多销售员，聘请销售代表，你就要承担一般的支出费用，包括工资、奖励、培训费用、福利开支等。而独立的销售代表所需支付的费用较低，往往同样有效。

21. 顾问咨询

有事多咨询专业者，不用去请教不专业的人，免得越帮越忙，合作过程中跟长期与你一起工作的咨询顾问们讨价还价还是比较容易的，因为你已经与他们建立起了融洽的关系。你将会很惊讶地听到，他们可能会建议你如何削减保费，降低小时费用标准。你也可以用易货的方式获得服务。

22. 了解法律

企业持续发展，有些会用到律师，聘请律师时，要确保你有书面的收费协议，以防止意外发生。协议里面应该包括律师将花在你的案子上的时间，并指明费用所涵盖的范围，如包括打字或复制，也要注明不包括的其他费用。

23. 遵守法律

尽量避免触犯法律条款，提前预防才是最好的办法。避免诉讼是在商业上获得成功的一个关键因素，即使你可能通过打官司得到可观的回报。避免这些麻烦的最佳方式是：在一些工作可能导致法律问题以前，请教律师。不要忽略任何书面或电话投诉所产生的影响。

24. 不断学习

很多事情没必要请人去做，不要老说这也不会那也不会。其实很多不会的事情，你学习了也就会了。举例来说，与其花钱请专业的公关顾问公司帮助你撰写新闻稿，还不如请一个人花一小时教你，然后你就知道怎么去做了。

25. 交换服务

很多时候你需要人家的产品，也可以试着将自己的产品推销给他们。交换你们的服务，一方面加强了感情，另一方面也做了生意，减少支出。与其他企业交换产品或服务是一个很好的方法，可以避免过多的现金支出，也能缓解流通慢的货物的存货压力。如果你不想直接与对方讨价还价，那么聘请委托易货经纪人，或参加一个商业易货俱乐部来交换。

26. 付款优点

供应商要求付款的设置条件各不相同，有些空子你还是可以钻的。不要死脑筋千篇一律的对待。你可以询问供应商，如果提前付清全部款项，是不是可以给予折扣。如果没有折扣，你就可以好好利用这点考虑如何更划算的支付款项。

27. 加入协会

计算一下合理就可以考虑，你可以不加入协会，但不可以不知道。先了解清楚，许多贸易和商业协会收取合理的会员费，也提供保险、旅游和租车服务，以及长途电话服务，甚至能享受高尔夫球场费等很多项目的折扣优惠。

28. 货比三家

任何时候不要轻易敲板决定，做生意往往就是需要货比三家才知道谁好谁差。即使是最普通的货物招标购买，也会比周边的商场更省钱。如果你提出一个更低的价格，供应商也可能会尽力满足你的要求以赢得业务。

■ 克服创业路上的心理病

创业者在创业过程中，经历许多突发的困难或难题，由于经验不足、心理素质不够好以及对市场的前景把握不准等一系列不利的因素都会影响到公司的发展，而这有时候会起到恶性循环的作用。下面介绍的几种状况比较真切地反应了创业者在创业过程中所遇到的困惑，希望对应的解决方法能够对创业者有所帮助。

1. 拖拉成性

这是“明天吧！”一族，总是希望将现在不愿意去做的事情，头痛的事情拖到明天、留到以后，平时他们这样已经习惯了，创业的时候也将这一习惯带到其间。有问题不解决，总是一拖再拖。解决办法：将每天必须完成的事列成一个单子，做不完就不要睡觉。将“明天吧！”改成“今天吧！”

2. 患得患失

这类型创业者很胆小怕事，生意好一点便心里暗自盘算，照此发展下去，将会赚到多少多少如此等等，生意差一点吧，他们马上想到再过多少天，店也要支撑不住，要关门大吉了。解决办法：要清楚地明白，只有你不断的努力了，宣传了，推广了，店的生意才会越来越好。你现在见到的是你曾经努力的结果，而以后你将见到的是你现在努力的结果。如果想赚钱，想得到好的回报，那你现在就不能患得患失了，赶快行动才是关键。

3. 茫然一族

这类型创业者总是什么都想做，也觉得自己什么都可以做，当然他们做什么都有困难，所以也无从下手。解决方法：创业者可以冷静思考清楚自己最喜欢和最擅长什么（两者皆有最好，有其一也行，没有就要先培养一下），沿着这个方向走就是了。而不是一味跟风，看到哪行哪业别人赚到钱就盲目“拷贝”别人的经验，三百六十行，行行都能赚钱，关键是怎么去赚。只有做你有兴趣的，你才能走得长远，才能思维开阔，遇到困难也才能挺过去。

4. 摇摆不定

这类型创业者往往现在生活比较安定，但又觉得没意思，没有新鲜感，有一种创业的冲动，同时又害怕万一失败反而比现在的状况更糟糕。解决办法：创业者可以思考清楚自己最愿意过什么生活。如果追求稳定，想办法过得有滋有味就行了，不必自讨苦吃去创业；如果真想创业，就要有“一去不回头”的心理准备，无论怎样都要“熬”下去。

5. 疑神疑鬼

这类型创业者总是怀疑这，怀疑那，他们见到风吹草动就担心合作伙伴损害自己的利益，处处防范，直到不欢而散。解决办法：创业初期，合作伙伴最好在自己熟悉的朋友、同学、同事、亲戚中寻找，此后就要靠制度和契约保证各方的责、权、利，因为人会变，感情也会变，有制度和契约在，就可以平静地处理分歧和纠纷，不会造成“兄弟反目”、“朋友变仇人”。

6. 各自为政

这类型创业者大家合伙创业，合作的各方都觉得自己是最强的，谁也不服谁，都想当董事长或总经理，处处显示自己在企业中的影响。遇到这样的情况，不妨让合作各方达成“最没本事的人做老大”的共识，“老大”只负责决策和协调，需要真本事的任务由有本事的人去完成，如果你认为自己还有一点儿本事，就别争当老大。

7. 爱慕虚荣

这类型创业者虚荣心极重，总是注意做门面功夫，还没成功就已摆尽老板的姿态与架子。开张伊始就要坐大班台，装修办公室，请秘书接电话……如果创业者发现自己属于这类型人，你不妨先多想想怎样能赚得更多，而不是把钱花掉。

8. 太过激进

这类型创业者总想一口吃成一个大胖子，恨不得一天赚 100 万元或更多，一万年太久，只争朝夕。这类型创业者可以考虑制定半年甚至一年没钱赚如何坚持下去的计划。

9. 狂妄自大

这类型创业者总认为他是最棒的,老子天下第一,一出手就是惊天动地的“大手笔”。这类型创业者可以考虑将你的狂妄加速，再从失败中得到教训。

10. 过度忙碌

这类创业者就像勤劳的蜜蜂,想方设法多做事,他们同时为很多生意而忙碌,每单生意的前景都很好,却没有一单真正做成。这类型创业者可以想想壮士断臂,集中一点求突破。

11. 过度焦虑

这类型创业者总是过度担心，忧心忡忡，茶饭不思，不知明天会如何。这类型创业者可以想与其忧心明天，不如研究明天，一点一滴完善今天，船到桥头自然直。

■ 打造旺铺 8 绝招

凡事都有方法，总有捷径可以走。别人走过的路未必是好的，适合你的才是最佳的途径。要想令店铺生意兴隆，变成十足旺铺，到底有没有秘诀呢？当然有。下面为创业者归纳整理了打造旺铺的 8 绝招，你可别小瞧，虽然这八招看似简单但却非常经典，若坚持使用，必定会产生奇妙的效果。适宜使用在很多领域，只要创业者把握原则，善于规划就必定会有所成就。

1. 重视门面

我们判断一个人与判断一个店都往往很大程度上取决于第一印象，而第一印象又往往决定于人的外表与店的门面。所以重视门面功夫也是必不可少的首要环节。一个有别于他人的店面，一个特色与众不同的店面，一帮训练有素、服务方式有别于人而易被客户接受的店员，这些都是为店铺带来更多好生意的因素所在。

2. 创新致胜

走旧路的人，就等于吃别人的剩饭，别人吃不完的，你才有份吃。创业者最好是寻找一块属于你自己的奶酪。只有努力创新的店铺才会有前途，墨守成规或一味模仿他人，到最后一定会失败。任何一个店铺，只有表现出自己的特色才能创造出附加价值，才能不断增加顾客。做生意总会遭到困难和挫折，这就要靠自己去突破，不可为商品的滞销找借口，也不可借机轻易削价出售。你一定要拿出魄力和决断力，在创新方面去寻求机会。一定要想新招，才能为你的店铺迎来生机勃勃的春天。

3. 不断成长

如果你安于本份，那就不要创业，既然选择了创业，就要想到从小做大。如果铺垫了很久，你还长不大，后起之秀也迟早长江后浪推前浪，你就得活该死在沙滩上了。做生意如果不追求成长或不向更高目标挑战的话，就无法品味出身为商人的喜悦和充实感了。要是生意人只想混口饭吃吃，抱着成不成都无所谓的心理，在他底下做事的人，自然就会很散漫了。业务的成长，通常都是以营业额来衡量。要想扩大营业额，就必须加强有关的一切活动，例如销售、采购、门市、部属、资金等。而这些强化的工作必须建立在一个完善的总体经营理念上。

4. 确保利润

没有利润的生意，你做不做？当然不做！没人创业是为了做毫无利润的买卖,除非此时的不计利润可以为你的将来带来更多利润,那又另当别论。做生意，必须获得合理的利润。你不能总以贱卖的方式，去吸引顾客。你必须以更好的服务，才能获得正常的利润。从正常的利润中，取出一部分再投资到事业中去，以便长期性地对顾客提供更佳的服务以及更佳的商品。

5. 取悦顾客

顾客是决定你店铺是否兴旺的上帝，顾客是否购买你的产品，关系到你是否可以赚钱，是否可以将店铺做大，所以做生意不应该卖你喜欢的产品，而是处处要以顾客的眼光为出发点，才能让他买到他所需要的东西。顾客的价值观念不见得跟我们的相同，何况顾客还分男女老幼，因此，我们应该设法去了解顾客的需要,然后去满足他们。经营店铺,必须把自己当作是替顾客采购的商店，这样才能设法去了解顾客的需要。因此，了解顾客是开店的第一步。

6. 尊重顾客

你尊重顾客，顾客自然也会还之以尊重。那怎样来体现对顾客的尊重呢？首先必须了解顾客的需要。如何做到这点呢？最好的办法当然是倾听了。经营事业，要顺其自然，集思广益，然后才去做该做的事，这样才能无往不利。如果只顾推销商品，而听不进顾客的意见，肯定不会受到大众的欢迎。在日常生意上，要坚持以谦虚的态度倾听顾客的看法，只要持之以恒，生意必定会日渐兴隆。

7. 把握良机

创业者会遇到很多良机，生意的成功与否，关键也就在于创业者是否懂得把握良机。有准备的人，才最有资格得到机遇的青睐。而要想掌握良机，就要时刻注意选择适当的时机，调查顾客预定购买的物品以及购买时机，这样在销售的把握上就会方便许多。以电器商店为例。不论是送货或修理，事情办妥后，不要扭头就走，最好再顺便看看他家的电器用品是否有小毛病，并做一点简单的服务，这必然能提高顾客对你的依赖感。到客户家安装空调过程中，一定要表现出亲切、仔细的态度。同时，问问客户是否有认识的朋友要买空调，如果他对你有了好感，就会把生意介绍给你。

8. 发挥特色

不论你从事哪行哪业，卖同样东西的店铺肯定不少，也许遍地都是。要使顾客从那么多家店里面挑中你，进入你的店铺而不是别人的店铺，那你的店铺就非得有一些特色不可。店铺的特色，好比每个人的特点。店铺没有特色，就变得不值得品味，也就很难有顾客愿意光顾。假如两个店铺陈列的商品相同，但若服务不同，则会使商品显得不同，这就是能否发挥商品特性的区别。

店铺有特色，也不能全凭创业者个人的喜好与想像，这个特色要结合顾客的需要，建立在此基础之上。至于如何去发挥，则要个别考虑。除了要注意地域性因素和开店的条件外，还要考虑该地区的收入水平、文化水平等。如果店铺设在上班族集中的地区，最好在星期天或假日也照常营业。必要时，还可适当延长营业时间。但有时候可能会受到空间、人事、技能、资金等现实因素的限制，因此，应该先从可能事项着手，一步步去发挥特色。例如，把重点放在自己比较熟悉、较有竞争性的商品上，或由较内行的经理亲自介绍上门的顾客，都是比较好的办法。其实，特色并不限于商品，其它如良好的服务、华丽的店面、诚恳的员工等，只要发挥其中一两项特点，就足以吸引顾客上门了。你与众不同，你特别优秀，顾客当然愿意选择你的店铺。

■ 女人创业 7 规则

可以肯定的是能够创业的女士朋友们都是胆识过人、有能力的。最重要的是她们走出了传统的观念，懂得寻找属于自己的生活方式。在这里我们除了想表示敬意外，同时也给女性创业者提供 7 条规则，以供参考。希望你的创业之路更加一帆风顺，马到功成。

1. 表现得像男人

至今为止，创业的男性远远多于女性。男人创业被视为理所当然的事，而女性创业却被视为一个大挑战。这关键取决于一直以来的习俗与家庭任务分配方式。大家都已经习惯于男主外，女主内。可以说这种合作方式是成千上百年来不变的格局。如果女性朋友想创业，你就必须明白，在创业这个领域里，你与男人的标准是一样的，要成功，你就得表现得与男人一样勇于去拼、去搏、去努力。

2. 不怕吃苦

创业者刚刚开始都是辛苦的，又当爹又当妈的日子可不是那么轻松的，所以，打定主意创业，就不要再思念着那些懒散舒适的日子。勤劳永远都是致富的不二法门，机会再好，运气再好，也要你用行动去争取，去把握。

3. 保持冷静

女人们往往喜欢与人讨论，喜欢对人倾诉。有一句话说得好，人最坚强的时候就是一个人的时候。既然已经决定创业，就要表现得坚强一些。创业之初需要投入大量的精力和情感。有时过于投入会让自己迷失方向，甚至无法做出正确的判断，而自我灭亡。女士们要想把握方向，掌控事态的发展，就必须让自己与人、与物保持一定的距离，冷静而准确地做出判断。

4. 不受传统思想束缚

传统思想大都主张，男主外，女主内。一般女士的虚荣心都来自美满婚姻、嫁个好老公、富有、美貌、子女等。这很正常也非常合情理。但是，对于要想自己创业的女人来说，必须有一个清醒的认识。当然，所有自己创业的女人都有作为女人的不满足和缺失。既然决定创业，那么不管处于哪个阶段，成功与否都必须有一种超越虚荣心的责任感来对待自己的事业。

5. 意志坚定

创业艰难百战多。创业过程中，困难也许一个又一个地接踵而至。女士们要做好充分的思想准备。其实，现实生活中，很多女人在很多时候比男人更坚强。比如，生病的时候、受伤的时候、遇到重大挫折的时候等等。同样，在创业的过程中，女人必须发挥这种特质。不要再希望获取别人的怜爱和任何人的安慰，因为这些都是短暂的。学会在市场经济中自己爬起来，这是一种必须的能力。

6. 爱情力量

谁也无法否认，爱情的力量是巨大的，也是神奇的。特别是女人，如果能够获得爱情的力量，那她会更具力量与信心，加速前进。爱情对于女人是青春和活力的保障。创业中的女人也不要忘了爱情的力量。同时，爱也是广义的。你要爱你的事业、你的员工、你的合作伙伴。

7. 充分发挥女性优势

女性富有耐性，善于劝说，声音悦耳，更易给人好感，业务开拓方面不失为一块好料。女性可以充分发挥自己的优势，也许男人在外面跑上一天，你只需要在电话里用你得体、动人的语言说上几句就可以轻易跃过他之上。

第五步 ☞ 躲避致富陷阱（规避风险）

创业路上，陷阱随时会有，甚至无处不在。怎样步步为营，做到不踩空、不踩偏呢？最好的方法不是亡羊补牢，而是提前预防。事先了解陷阱的出现特征、存在形式，遇到的同时懂得运用文中的方法识别它、躲避它、远离它，你就可以安安全全到达致富道路的彼岸。

■ 鉴别真假厂家

创业者起步做生意，人脉不够，经验不足，选择供应商的时候，调查不够，一不小心就容易上了那些没实力小厂的当。也许当你把钱汇给了供应商小厂，那真没准就不能及时地收到货了。与小厂合作，如何鉴定其情况的真假呢？

首先，我们来看看衡量一个厂家实力真假最明显的几大方面：

1. 多方寻问探听

一间有实力的工厂，如果你在电话中问其附近的同行、其他厂家，设计一些套话便可以得知一些对方的情况。你再好好盘算是否合适作为你的供应商。

2. 产品质量稳定性

实力雄厚的厂家所生产的产品，生产流程严格控制质量，把关甚严，出来的成品质量是相当稳定的。但是那些才刚刚起步的家庭作坊式小工厂，一无通过长年生产而积累的生产经验，二无足够的技术力量，三无先进的加工设备，四无健全的质量保障体系，甚至连工人也经常流动不定。所以，他们的产品质量就很不稳定了。

3. 索要样板与宣传册

一家正规的大公司是不会放弃任何一次宣传自己的机会的，更不会吝啬快递出来一些样品。你收到公司资料后，便可以一目了然知道供应商的情况。另外，从样品的质地、做工上来看也可以略知一二。

4. 厂家生产供应稳定性

厂家经营的阅历、年限足够，生产订单是很稳定的，接单、生产、出货一套流程早已经走顺。但往往刚开业的小厂由于受到订单不足、资金有限、人手不够等因素的限制，总是开开停停，生产情况很不稳定。甚至有些小厂因手头没有流动资金，就根本不备原材料，直等到顾客把货款汇给了他们后，才开始采购原材料。

5. 厂家厂址稳定性

厂家经常面临顾客上门访问，一个有实力的厂家是不会这里住半年那里住一年的。他们长年累月就在那个地方。由于小厂的投资者普遍地经济实力有限、运作能力不足，所以，多数小厂是由几个朋友合资开办的。因为还没有足够的资本积累去买地建厂，所以，多数小厂要么是租房子用，要么就是直接开在某个投资者的家里。当生产规模扩大、或者因故与房东产生矛盾、或者因冲突而导致联营破裂时，都会直接导致生产地点的变动。

6. 与创业者合作稳定性

有实力的厂家往往有一套固定的合作流程，制度化，任何时候都是如此，即使做出变化也是针对所有的客户而言，并不是针对你一家。往往那些小厂家在起步阶段，由于他们自己没有销售渠道，所以，往往不管大小、对所有的顾客都很重视，甚至有种拾了根稻草就当作救命绳的感觉。在这段时期里，他们往往对你千谢万谢，所以，合作也就比较愉快。但这段时间往往不会太长，要是后面他们业务发展得好，就可能会因为来了比你更好的大客户而把你搁在一边；要是后面老业务做得不太好，就可能会改变经营项目，最后你也就只得停止合作，另找其他的供应厂家了。

7. 巧用电话辨真假

电话的确是个好东西，不用见面就能取得近乎一致的效果。通过电话查询，我们也能辨别厂家的规模大小。

方法一：现在大家都聪明了，要么上网查地址，要么通过114查询。成立已久或有一定规模的公司同样也是非常注意做自己的门面功夫的，非常懂得宣传。厂家一般都很重视登记客户可以联系的电话，另外114也会主动登记地方比较有影响力、大规模的厂家联系方式丰富内部的数据库。你需要查清楚的是对方的电话是否已经登记及所登记的电话与其发布的电话是否一致？

方法二：大型的公司是有一个或多个前台专业负责接听电话的，上班时间你打过去一定就是这几位在接听电话，她们大多是声音甜美的年轻女性，而下班时间大都是正常下班的。创业者可以在不同的时段分别给厂家电话来验证他们的真伪。上班时间、下班时间、凌晨、节假日都可以去一通电话。如果是正规的公司，接听你电话的一般都是前台，而像特别的时间段，他们应该是休息的，无人接听电话才算合理。如果每时每刻都有一些接听电话并不专业，有时是老妇人声音，有时是老板声音，那什么也不用说了，这肯定是间家庭作坊。

方法三：大家都知道现在稍有几个部门的公司就会有几条电话线，多个分机号码，一般都是一人一部电话。至少也是一个分机号，以方便大家联系区别。如此一来，我们可以通过弄清楚公司各部门的电话号码配置来辨别其规模大小。你可以打通电话后故意问，麻烦帮我转下设计部或财务部。如果对方说没有这个部门，你就应该提防了。一些基本的部分都没分开，肯定是老板一人独挡几面，可能公司人数也只有十人以下了。虽然这里介绍得不尽全面，如果你仔细运用推敲，其实还是基本上可以达到确定一家工厂的规模的。

8. 查询证件，辨别真假

证件查询也是最直接的办法，一般人都会采取此种方式，即创业者直接要求供应厂家提供《工商营业执照》、《税务登记证》等复印件。如果他们直接提供当然最好啦，如果对方以各种理由或借口拒绝提供，那也没关系，你可以直接打电话到相关部门去查询。正规的工厂都必定正式登记在册，而税务登记证上就可以看出对方是一般纳税人，还是小规模纳税人，或者甚至根本未进行税务登记。这个办法在实际操作时的要点，就在于你打查询电话时的机灵程度。比如，你可以以查询发票是否有效为名，查问开票的公司是否存在（尽管，你其实手头上根本没有对方开的发票）。

9. 根据报价表来识别真假

价格辨别其实很简单，就是看他们的报价是临时的，还是有个系统化的规定。仔细分析对方的定价模式，也可辨别该厂是否正规。大型正规的公司因为产品太多、款式太多样化，他们也怕搞错资料，一般都会为客户制定一套稳定的价格体系，并且不会与客户讨价还价。许多都是根据你的定货量，然后几折给你拿货，甚至他们的报价表有些可以公布在网上，作成宣传资料等。而小型的厂家或供应商，价格变来变去，你根本捉不到风，可能有今天就没明天了。要创业就要凡事多留一个心眼，不要马大哈似的，什么都没反应。

10. 根据工厂规模识别真假

有实力的厂家，不一定广告做得很猛。对外界说得很好。但他们的规模一般不会很小，当然辨别企业实力最重要的一条就是在于生产经营规模的大小，评定世界财富500强时，其年销售额就是重要的指标之一。而生产规模大、经营年数多、有实力的正规企业，往往通过历年积累下来的品种也多、款式也全、经验也足。要辨别他们的规模其实很简单，主要分以下两方面：

一方面，查看他们的产品品种、款式、尺码是否多样化？大型工厂的客户自然也多，要求各不一样，他们往往是具备各种各样的原材料、各种各样款式的产品，尺码更是齐全的。小的厂家往往只做畅销的，客户数量少，客户指定做哪款就哪款，哪些尺码就哪些尺码。

另一方面，可以让他们打样品，查看他们的速度，大型厂家一般都有原料库存，打样的速度是非常快的。而小型厂家，接到你的打样单后，也许还得去采购材料，一切从头开始，速度自然不会那么快。当然这条也要考虑到意外情况，大型厂商有赶货的时候也不排除，只是一个参考的因素之一。

上面大家也看到了，这些小厂供应商存在着多方面不稳定因素。你若是选择跟他们合作就一定要有后备，有思想准备，否则就会给创业者带来较大的风险。可能等到你把钱汇到他们的账户上时，他们就关门了；也有可能等到你再次上门去时，他们就已经不在老地方了。至于类似质量事故和交货延期这样的意外，那更是家常便饭了。为此，我们就必须时刻小心地防备着点，尽量不给他们一丝机会。而若要做到这一点，最好的办法莫过于在一开始时，就一眼识破他们的真面目，根本不与他们合作。好了，以上整理的这几个鉴别真假厂家的办法，一般情况下是行之有效的。创业者可以结合自身各方面条件，多方探听与调查来达到更准确的效果。

■创业者十大防骗术

创业者努力的过程中，难免会遭遇骗子。你千万别认为你会是最幸运的那个。其实这个可能性对每个创业者都比较大。如何防止被骗，减少不必要的损失，方法不尽相同，这里为创业者推荐创业成功人士的十大防骗术，希望对创业者会有所帮助。达到提前预防，避免的效果。

1. 查看各类资质证书

证书永远都是第一防伪标志，这些证书也是企业发展水平的标志，绝大多数骗子没有或者不全，当然也有骗子的证书是全的，但有真有假，如果有必要创业者可以去有关部门了解一下。

2. 查看身份证

身份证是身份的证明，如果行骗犯罪是会被追究法律责任的，所以绝大多数骗子不敢出示真的身份证等有效证件，注意识别真假身份证也是有效防骗的方式之一。

3. 查看产品

查看产品就是验货，仔细核对产品是否与合同上订购样品一样，价值和价格是否相等。

4. 仔细看他的眼睛

眼睛是心灵的窗户，认真盯着他的眼睛，撒谎的人说话的时候绝大多数不敢正视对方的眼睛。

5. 仔细思考

你可以设身处地为对方仔细思考一下，想一想对方做生意的目的，有没有骗人的可能。

6. 查金融机构和汇款的真假

首先查金融机构是否属实，主要是通过对方的银行监管局、人民银行查，现在有骗子用伪造的银行名称去电信部门登记电话号码，如果你通过电信部门直接查假银行和汇款那么你就上当了。

7. 小心试探

骗子往往都是做贼心虚，创业者不妨用语言试探对方，例如我同行的朋友是公安部门的经济警察，或者是某某方面的行家，骗子自然害怕。

8. 防止调包

有些骗子当面给你的货物是正常的，你离开后收到的却不是那么回事。最好是自己运输，收货后人不能离开货物，特别要防止骗子在瞬间用相同或者相近的运输工具调包。

9. 提防陷阱合同

签订合同时要仔细阅读各条款，不要觉得天上掉下的馅饼全让你逮着了。有许多承诺农副产品高价回收却不回收，只骗回扣；加工的工贸产品被苛刻回收、故意让活的变成死的、让好的变成坏的、及时的变成不及时的等等。

10. 提防异地交货

那些骗子往往不在双方所在地交货，而是选择异地，所以对选择异地交货的生意要少做或者不做。

另外，可别忘了现今社会我们最强大的网络这个工具。创业者可以利用搜索引擎来验证你的供应商是不是骗子，比如你看到有人向你推荐新产品，可以将他的产品，或者姓名、身份证号等信息在【有问题，来查下】http://www.ChaXia.Com 处查下，很有可能你会找到你需要的确实的答案。

■ 规避创业风险 17 招

创业就是如此，预则立，不预则废，勤于调查，善于分析，凡事做到心中有数，方能在商界游刃有余。有句话说得好，赚钱从身边赚，骗钱要从远处骗。有钱人叫投资，穷人才叫创业。创业过程中，骗子们花招迭出，设计出一个又一个圈套，使致富心切的人们不经意间大上其当。下面我们整理收集了时下最常见的行编手段，以提醒大家警惕致富中的陷阱，希望可以帮广大创业者避免上当受骗情况的发生。请看以下规避创业风险 17 招：

1. 免费供种

创业者创业初期都想尽量节约成本，而“免费供种”这些字眼对于他们来说就显得特别亲切。时下，行骗者也抓住了创业者的心理，仔细留意，你就会发现，近年来，不断有“免费供种”的广告见诸于报端，当你去电去信联系后，他们不是要邮寄包装费，就是要技术合作费或是合同公正费。当你把钱寄去后，有的要么寄来一些所谓的种子，有的甚至音讯全无。他们打着“免费供种”的招牌，误导诱骗购买。要知道，天下没有免费的午餐，天上也不会掉下馅饼来。所以，下次看到“免费供种”字样，你不应该感到欣慰，而是应该警惕起来。

2. 高价回收

“高价回收”的字样出现得也并不比“免费供种”少。当然也是抓住了创业者总是想尽量规避风险的心理，不少人打出 XXX 药材研究所、XX 药材市场的招牌，销售种子种苗，一些价格下滑的品种在广告中肆意吹嘘，声称是国家规定发展的紧缺药材，并且广告故意给人一个模糊不清的概念，说每亩产值多少万，那些不懂药材行情又致富心切的人为之怦然心动。还有将一些对环境及栽培技术有较严格要求的品种，一律说成南北皆宜，易管理。他们打着“高价回收”等幌子，骗人上当。总之你觉得无缘无故来了一件大好事，那就先别忙着高兴，先冷静思考一下，再决定是不是真的值得高兴也不迟。

3. 来料加工

“来料加工”也许又是另一种行骗方式了。有些广告以支付高回报的加工费及回收产品为诱饵，使广大创业者多多少少成了上钩的鱼儿。其实他们的目的是收取加工管理费，骗取押金。广告称只要交保证金，就可免费领料组装、回收产品，让你获取丰厚的组装费。当你交付保证金领料组装完产品送交时，广告主常以组装不合格为由拒收，目的是骗你几千元的保证金。

4. 联营办厂

随处可见那些写着有一个好创意或好项目，需要联合他人一起办厂的广告。甚至还有厂家在报刊上刊登免费供料，寻求联营加工手套或服装的广告。他们声称只要购买他们的加工机械，交押金免费领料加工，厂方负责回收，你就可获得高额的加工费。结果并非如此。当你购买他们的机械，交押金领料加工完产品送交时，厂方也会以不合格拒收，或厂家搬到异地他乡，不知去向。这些寻求联营加工的广告目的是出售他们的劣质机械和骗取押金，使你血本无归。

5. 联手协作

小本创业者往往规模较小，实力较弱，不可能四面出击，收到规模效益。有些再恶性竞争一翻，那在阴沟里翻船的机会就大大提升了。其实创业者们不妨通过几家小投资者联手，集中优势攻入目标市场，力争哪怕是在一个小小的领域里形成相对优势，创出自己的特色，从而使势力得到发展壮大。当然，这种联合应当做到以下几点：一是集中优势，每个合作者都将自己的优势贡献出来，形成一个统一的核心优势；二是相互信任，坦诚相待，效益共享，风险共担；三是不必长期联合，有机会则聚，任务完成则散，协作对象不固定，通过合作获利来壮大各自的实力。

6. 藏品回收

许多收藏品会随着岁月的沉淀而变得有纪念价值与意义，也许有极少数的会身价倍增，可那些骗子也钻进了这个空子里。有些广告主大吹收藏古钱币等物可致富，照他们的资料收藏古钱币，可收到许多枚价值几百元至几万元的古钱，再送到古钱币交易市场出售，就能成为富翁。这是一个铺满鲜花的陷阱，广告主打着“长期收购古钱、像章、纸币、硬币等”幌子，只不过是吸引你花高价去购买他的有关资料。

7. 特种养殖

随着养殖致富的人越来越多，许多骗子利用农民信息不灵和致富心切等心理，他们包装得富丽堂皇，以签合同、法律公证、保证回收为幌子，将一些当前尚未形成市场的动物品种四处倾销。然后利用特种动物长大到繁殖的时间差、价格差，短时间内加大放种量，压缩回收数目，见时机成熟便携款潜逃，使合同变为废纸。更甚者在售种时极不负责任，例如，把牛蛙当美蛙出售，或者把商品蛙当成种蛙出售等等。

8. 转让“专利”

“专利”，多么诱人的字眼，多么带有含金量的字眼，往往也令人晕眩，总以为捡到宝。现在有许多单位或个人为了骗取所谓的技术转让费，专门提供一些不成熟、虚假、无实用价值的技术，并称已获专利，专利号为XX。本地一农户向单位接产洗衣粉，可生产的产品始终无法达到广告宣传的标准。难怪一些权威人士称，按其技术资料生产出来的产品绝大数为伪劣产品。如按提供的专利到专利局查询，就会发现纯属乌有。

9. 浮夸成风

广告的作用是广而告之，促进产品消费。可现时广告有的为了盈利，光说优点，不提缺点。更可恶的是还时常打着“高科技”、“进口”、“最新品种”等幌子迷惑人,大讲其效益。利用农民求新异求高产的心理,出售一些未经审（认）的农作物品种。其所谓的“超高产”、“新特优”都是售种者自定的“名牌”。

10. 挂羊头卖狗肉

报刊上、杂志上、网络中各种售种广告，五花八门，真真假假，许多坑人钱财的骗子也鱼目混珠，挂羊头卖狗肉。这样的人比比皆是，一些本来很平常或已被淘汰的种子到了那些所谓的“良种公司”、“研究所”手中便被吹成是最新最好的良种，往往张冠李戴，用普通的品种冒充新育成的珍品，实在是令引种者哭笑不得。例如目前炒得较火的“人参果”，其实这种所谓的珍品只不过是90年代初期臭名远扬的香艳梨，不过是经过包装之后炒出来的价值。

11. 致富机械

行骗的手段可谓遍及各个领域，那些不法者们总是挖空心思想坑人钱财。近几年来，不少形形色色的致富机械、致富项目在许多媒体的广告上频频出现，这些供应单位全都承担着生产工艺、配方技术转让，人员操作培训的重任。有的还提供市场营销方案、设立分厂使用商标的手续……真可谓服务到家。不可否认，有些是正规厂家推销，然而鱼目混珠、大吹其性能者也不乏其人，这要求我们要睁大眼睛，从实际出发，慎重考察，切不可盲目从之。需冷静调查，以事实说话。

12. 致富广告

致富广告满天飞的当代社会，我们千万不能轻易相信那些吹嘘“投资少、见效快、回报高”等能一夜暴富的项目。往往这些都是骗子的花哨包装罢了。其实，投资的利润率一般处于一个上下波动但相对稳定的水平。投资项目的利润有高低，但不会高得离谱。因此，投资者在选择项目时，最好先到当地技术部门、工商部门咨询一下。

13. 借贷投资

没有资金，又想创业怎么办？许多创业者选择了借贷投资。创业者刚开始一般都是小本投资，由于经济相对比较拮据，又希望手中这点钱赚钱，在投资过程中，只能赢，不能输，因此，开始投资时，要根据自身的情况量力而行，不能借贷太多。因为大量借贷风险大，创业的心理压力大，极不利于经营者能力的正常发挥。

14. 热门生意

热门生意好做，还是冷门生意好做？很大程度上看创业者的眼光。创业初，创业者没经验，往往由于不熟悉市场，会选择跟着感觉走，也不考虑自身情况，看到别人做什么生意赚了钱，盲目仿效跟风。这样，往往因为市场供过于求或不适合做这项经营，结果血本无归。因此，在投资时要学会钻空子、找冷门，做到“人无我有”。

15. 贪大求全

创业者刚刚起步，往往心中没底，而又将一切想像得太完美，太简单。见到别人开公司办企业大把大把赚钱，心就痒痒，也认为自己可以轻易做到，总想一口吃个大胖子，到头来很有可能吃大亏。因此，对于手中没有较多资金又无经营经验的投资者，不妨先从小生意做起。小买卖虽然发展慢，但用不着为亏本担惊受怕，还能积累做生意的经验，为下一步做大生意打下基础。以较少的资本搞小生意，先了解市场，等待时机成熟，再大量投入干大生意，是很多小本投资者的经验之谈。创业者们要记住：大是由小做起的！

16. 稳当赚钱

如果你不敢冒险，害怕打击，没有承受失败的心态，不妨考虑交一些学费，学一门专业技术，也不失为一种稳当的投资方式。21 世纪是知识经济时代，要想跟上时代步伐，就必须重视智力投资，结合自身情况学好一门手艺，就不愁找不到赚钱的路子。

17. 选择遗忘的“角落”

小本创业者如果参与到市场竞争中去，往往势单力薄，经不起市场竞争的大风大浪。不妨尽量避免竞争，选择创业行业或项目时就应审时度势，既不要向市场中强大的对手挑战，也不要白费精力紧随其后。要选择别人不愿意干或尚未顾及的那部分市场，采取补缺填空策略。这样既可以开发属于自己有利可图的“角落”市场，同时又最大限度地避免与强手直接较量。但是，必须做好三方面的工作：一是要善于把握市场和紧跟市场；二是要善于在市场上捕捉商机；三是要善于创造新市场。背靠“大树”好乘凉，小本投资者选择依附大企业，走“寄生型”发展之路，也不失为一条回避风险的良策。总之，避免竞争对小本创业者只有益而无害。

■避免投资失败22招

投资都是有风险的。投资也是企业创建和发展的基础。由于经济发展，人们被所见所闻感染，许多创业者毫无准备就满怀信心与希望下海“试水”，结果却有很多招致投资失误而步履维艰，甚至惨遭淘汰。因此，对于白手起家的中小创业者来说，如何正确投资，回避投资误区，就成为“试水”成功与否的关键，成为企业获得成功的必修课。下面针对中小创业投资者，从投资思维、方法、技术等方面入手，提供给大家避免投资失败22招。指出造成其失误的根源以及走出困境的路径，旨在以具体事例传承投资智慧，使创业投资者在摩拳擦掌之时，能够从中获取真正具有指导性的知识和技巧。初始创业者一定要认真细看，你们将会有所获：

1. 项目单一

创业者投资的项目多一些，顾客选择的机会大一些，创业者面临的机会也会更多。相反，投资项目如果过于单一，如同将所有鸡蛋放在同一个篮子里，一旦篮子打翻，鸡蛋也就全部摔破了。而由多项目构成的组合性投资，可以大大减少单一投资所带来的投资风险。作为一名缺乏经验的创业投资者，在进行投资决策时，一定要尽可能拓展投资思路，培养多角化投资思维方式，保持投资项目的多元化，并注意在项目与资金之间达成平衡。

2. 负债过高

刚刚开始时，每个创业者都信心百倍，带着一定要赚钱的势头投入进来。有些看不惯其他创业者缩手缩脚、小打小闹的样子，他们总是认为要干就大干一场。这种心态使其忘记了自己企业抵抗风险的能力。一心只想扩大投资规模，将“摊子”铺得越来越大，甚至提出“大就是好”的口号，企业负债随着盲目投资滚雪球般地扩大。在他们看来，等企业一运转起来，什么债都可以还清。但等企业运转起来了，别人的钱也赚够了，开始拼命压价。那些创业者就只得叫苦连天，后悔莫及了。所以，创业者资金不够，可以举债，但不能过多，也不能盲目。

3. 欠缺调查

信息来源单一，倾听别人特别是好朋友的一面之词。缺少市场调查数据，只听了别人分析的市场前景，并听信了前景一片光明的说法。通常，创业者对他人尤其是亲密朋友的意见都容易过度信任，认为朋友的话即代表了市场的真相，自己无需再对市场进行调查，从而导致投资失败。在做投资决策时，不要轻易相信任何人的意见与建议，哪怕这个人是赫赫有名的专家、你的亲兄弟、你的父亲母亲。毛主席说：要想知道梨子的滋味，就要亲自尝一尝。这是万古不渝的真理，投资者更要牢记在心。

4. 目光短浅

创业者在创业初期，往往是看中了市场的前景，选取了一个自认为向阳的项目，满怀信心与憧憬，容易受眼前利益驱动，却忽视了长远利益。采取急功近利的短期行为，这样做虽然能够使企业一时获利，却丧失了长远发展的后劲。创业者要明白，投资是一项系统工程，创业者要克服急功近利的思想，更不可杀鸡取卵、涸泽而渔。

5. 盲目单干

人多好办事，有些事情明明多人完成效果会更好，而创业者却不顾实际情况，一门心思单打独斗，就很有可能延误企业的发展。毕竟，分享利润总比谁也没有利润好。春秋时代战国七雄尚讲合纵连横，投资者还是需要有一定胸襟。

6. 过度权欲

创业者总喜欢自己说了算，虚荣心作怪，在寻求合作伙伴时一心追求话语权，但软弱的合作者却可能在你需要时，不能给予你及时和有力的帮助，反而有可能使一些更强大的潜在合作伙伴却步不前，弃你而去，使你丧失更多的机会。

7. 合作不当

创业者往往因为找到了创业项目，急于求成，急于发展企业，寻找到合作方时，忽视了对合作方的信誉、实力考察，极易为企业留下隐患。在涉及到资金投入时，一定要强调资金的到位期和资金到位的比率。创业者在合作合资前，务必对合作伙伴进行全方位的调查研究，对合作伙伴的品行、经营能力、资金实力等等，都要有翔实的了解，以减少投资风险。

8. 未有共识

如果是合伙创业，就务必达成共识之后才开始行动。不论什么时候都应该与合作伙伴，与你一起投资的，或者你雇佣的职员保持良好关系。作为一个投资者，需要的是耐心与细心。不能认为自己是投资者，就颐指气使，将自己当成救世主和百事通，这样极容易引起合作者的反感，激化矛盾，导致两败俱伤。一个理智的投资者，应学会尊重合作方的意见，并尽力弥补对方在管理、市场等方面的不足，做到有节制、有分寸，遇到问题充分交流，必要时要能够求同存异，克己从人，以争取双方利益的最大化。

9. 强势伙伴

合伙是双赢的，大家有事共同商量才是成功之道。对于刚出道的创业者，在以股权融资的时候，一定要考虑双方力量的平衡问题。虽然不能一心想着“制住”对方，但也一定要随时警惕被对方“制住”。

10. “友情”投资

投资是需要理性的，而不是感情投资。投资者在投资时，一定要记住，感情代替不了理智，不要被感情的温情面纱蒙蔽住眼睛，迷惑了头脑，最后为了“讲感情”，其实却伤害了双方的感情。

11. 不肯认输

有些创业者明明走错了路，选择错误，却还一味坚持，苦撑，希望将来可以找到一条路走。不害怕失败是好事，失败乃成功之母。但胆大不等于鲁莽。创业者因无法忍受屡屡投资失败的压力，激起赌徒心理，以情绪化的思维决策方式去决定投资方向、投资项目，则必败无疑。情绪化是最可怕的投资陷阱之一。一个创业者在任何情况下，都必须有清醒的头脑，冷静而客观地决策，如果觉得自己把握不住，可以请专家或组织智囊团来帮助自己，不能让情绪左右了自己的头脑，导致投资一错再错。

12. 陌生投资

对于创业者来说，不熟不做乃是一条普遍法则。盲目进入不熟悉的新行业，既使一个经营者过去积累的经验不容易发挥，又浪费了宝贵的时间和资金。

13. 认识不足

创业初期对所选择产品或项目做一番市场容量、自身实力、竞争者状况等的充分调查，并作出客观评估，以此作为投资依据，决定该项目是上马还是不上马，上马又胜算几何，是否有别的更好的可替代项目。

14. 固步自封

凭着老一套行走市场，迟早会过时，会被市场无情抛弃。创业者应当时刻注意市场趋向的变化，不断调查，跟上市场变化的节奏。努力使项目与市场趋向保持一致。一旦出现新情况，应根据变化后的情况随时做出调整。如果市场情况发生重大变化，原有投资决策已变得明显不合理，就应壮士断腕，以避免造成更大损失。

15. 轻易放弃

市场瞬息万变，今天还赚着钱，也许明天就出什么状况了。也许今天还没生意，明天你的产品就成了抢手货，你的店前门庭若市了。投资者必须保持良好心态，冷静分析：变化是长期的，还是暂时的？是政策性的，还是市场性的？惊慌失措只能导致决策失误，决策失误又必然导致投资失败。投资者在决定上马一个项目时，就应该对市场和政策的各种变化做出预测，并有针对性地应变。

16. 运气投资

有些人总相信运气，相信人会好命。也把这一套运用在投资上。“好运连连，一帆风顺”，只不过是人们一种美好愿望而已，在现实中是不可能的事。投资是一门科学，要尊重其规律，否则受到惩罚，只能算是咎由自取。

17. 单凭意愿

盲目乐观，不做充分市场调查，一味相信自己，怀揣一个信念，将自己的目标理想化、神化、美化，自我期望很好，开始的干劲和热情也很高，但遇到问题和困难时，往往手足无措，焦虑、沮丧，情绪一落千丈。理想不等于现实，设想不等于结果。首先，要掌握正确的方法和途径，然后，通过理性的行动，完成理想到现实的过程。

18. 赌博创业

人家说投资与风险往往是并存的，风险大的利润空间往往也大，有些创业者为了追求结果的可能性和利益的最大化，抱着毕其功于一役的心态，采取赌徒式行为，倾其所有，甚至借贷，一旦失败，生活陷入困难境地。创业是理性行为，追求的是稳定长期的利益，不是一锤子买卖，赌博心理最要不得，要考虑风险防范，设定冒险的底限。

19. 跟风创业

许多创业者认为，只要跟着创业潮流走，总可以分一杯羹。他们往往是：什么热做什么，没有固定行业，盲目跟风。俗话说：隔行如隔山，不熟不做，别人赚钱的行业你未必赚钱。最好选择一个自己熟悉的、有基础和条件的、有发展前景的行业，坚持做下去，不能太成功也不会太差。

20. 创业超前

创业者想像力丰富，别人没想到的，他就想到了，并且自认为发现了趋势很好、前景广阔、收益巨大的项目，一头猛钻进去。到头来，努力过了，辛苦过了，却发现这些只是未来的趋势，现实的环境和条件根本不允许，很难实施，甚至困难重重，根本进行不下去，钱也投了，力也费了，却没有回报。创业是要把握大趋势，但更要把握时机，适当超前是可以的，但建议最好不要太超前，除非你有足够的财力、耐心和承受能力。

21. 草率行动

有些创业者草率地只选择能力和他互补的合作伙伴，后期在成功或碰到问题时，矛盾接踵而来，从此永无宁日，最后导致创业失败。前期创业伙伴的选择一定要仔细分析他的性格成份，是否你们可以达成共识，遇到问题怎样协商解决都是要提前想到的。

22. 产品命名

很多时候你销售产品的命名不同，受顾客欢迎的程度也会大相径庭，这就是为什么一样的产品，摆在不同的地方可以卖出不同价格的道理。你去看看，在不同地方，产品的名称肯定也不一样。起一个美丽的、高贵的名字，往往也会为创业者带来意想不到的收获哦。

下篇　掘金路上成功者的足迹

我们说每一个成功者都有一个开始。勇于开始，才能找到成功的路。创业路上你要取得成功，就需要以恒心为良友，以经验为参谋，以小心为兄弟，以希望为哨兵。其中经验这个参谋尤其重要。创业路上以他人成功的经验作参谋，指引你行为，就能形成一种走向成功的习惯，日而久之凝聚成一种性格，而这种性格就决定了你创业的成败。

黄洁芳☞百日拿下百万项目

■创业人：黄洁芳→设计起家

黄洁芳，清远人，小姑娘大学毕业后，只身前往迪拜这个号称设计师天堂的地方工作取经。在这里，她边工作边学习人家先进的技术，一年后，她毅然放弃迪拜 36 万年薪回国开了设计室，设计室开张不到三个月时间就拿下百万项目。正如黄洁芳所言：大学生要放眼世界，敢闯敢拼大胆创业。

■创业历程

早在读书时期，黄洁芳就一直梦想长大后当一名建筑设计师。命运往往爱捉弄人，高考时，黄洁芳考场发挥失常，与名校建筑系擦肩而过，选择了机械设计系。大学期间，黄洁芳对机械始终没法培养出兴趣，当其他男同学钻研机械的时候，她正在广交会当翻译，充分发挥自己的英语特长。在广交会上，她结识了来自世界各地的室内设计师，大大地开阔了她的眼界。自此以后，她开始为这些外商跑腿当采购员。在她手上一张一张的订单得已成交，大四那年，她跑采购的兼职工作年限刚好满一年。拿着自己努力赚回来的钱，她为自己买了一辆价值10万元的东风日产骐达汽车，一举成为轰动全校的“红人”。

2007年毕业后，带着对建筑设计的满腔热情和对“设计师天堂”的向往，黄洁芳在未征得家人同意的情况下，只身前往迪拜工作，年纪轻轻的她已是迪拜fusion设计室的助理工程师。也是在那里，她得到了许多机会，也接触到了很多世界顶级优秀设计师。公司给予了她许多机会，中东地区多个项目的室内设计装修工程她都有份参加，这些项目有小工程也有大工程。其中包括迪拜皇冠假日酒店、迪拜皇家国际饭店等，这段工作经验的积累为她日后自己开工作室打下了坚实的基础。

中东地区终年高温酷热，饮食也与中国相差甚远，虽然黄洁芳对工作十分热爱，但是对家人的思念以及对异国水土不服等原因，让她在工作的第二年决定回国发展。此时，她在迪拜的收入相当于一名中国工人工资的5倍，已经算中层水平了。

回国后，黄洁芳决定继续干自己的老本行，利用自己在迪拜跑室内装修设计市场积累的资金和人脉，将市场的主要方向定为帮助外商做采购和设计。然而出师不利，工作室才开张不久，金融危机突然来袭，一些国外的项目做了一半就出现资金断链的情况，黄洁芳果断决定转攻国内市场。在设计行业的这段时间，她了解到当前“中国制造”的东西之所以卖不上价格，主要原因是缺乏设计，没有加入有价值的创新理念，所以卖不出好价钱。换句话说，其实国内的设计市场空间还十分广阔，这将是一个供她发展所长的巨大平台。

后来，为了支持与帮助大学生创业，政府特意出台政策，给予所有大学生“零注册资本”的优惠，黄洁芳从报纸上了解到这个消息异常兴奋，因为出国时她就办了暂缓就业，她觉得机会来了，就火速去工商局办理了相关手续。注册了属于自己的一间设计公司，也成为广州市第一批享受大学生创业优惠政策的人。她仅仅花了钱交了房租，买了一些简单的设备，设计室就这样开始了。

万事开头难，黄洁芳也是在不断吃亏中汲取经验教训的。有一次，她帮一外国设计师采购一盏酒店的吊灯，图纸和成品都是黄洁芳设计室制作的，最后仅向外国的设计室收取了2.5万元。后来她了解到，外国设计师将这盏吊灯转手卖给酒店，价格竟高达300万元。此外，在国内，她将自己设计的作品拿去厂家生产，经常被生产厂家占为己有拿去参展，一转眼变成了厂家的拳头产品摆在展台最前面，这都是因为她缺乏市场经验和产权保护意识，没有将自己的作品申请专利权所致。这些事情启发提醒她以后对自己满意的作品要申请专利权。

发展至今，黄洁芳的工作室已经招兵买马，加入了好些个八零后的大学毕业生，总共有七八名员工了。她的设计室也渐渐成为了黄洁芳母校的学生实习基地之一，吸收了一批学弟学妹前来实习。

“做室内设计，若一年能接下一两个项目，生活就没问题了”，黄洁芳满怀自信地说。只是设计室才开始，名气不大，在这个竞争激烈的市场上，只能先从小项目开始，在价格上争取优势。“只要有项目，无论大小我们都做。”广州市设计费的市价是每平方米300～800元，而她们则比同行价格低，每平方米只收取100元左右，甚至30～50元一平方米都做过。

黄洁芳的设计室踏踏实实地一路走来，依靠业内人脉的积累和口碑，逐渐走上了正轨，先后接下了上海香薇玫瑰园、保利顺德百合花园、广州雅思儿童培训中心等项目，其中，最大的一单生意达到100多万元。

■致富金钥匙

从黄洁芳创业成功的例子中我们可以看到以下几点秘诀：

1. 不要盲目随大流，赶时髦，要学会“钻空子”。创业者需要将眼光放在那些没有多少人注意，丝毫不起眼，却又利润丰厚、前景良好、极具发展潜力与市场空间的潜力项目上。

2. 要有长远目光，不随眼前的形势盲目跟风，不要看到哪里热就做哪门生意，哪门生意暂时还没有多少人做，产品不是很好销就马上扔掉改行做其他。创业者永远都要明白一点，任何东西都是相对的。特别是市场，太热之后必定是冷，太冷之后，紧接着便是热，关键在于把握时机。

3. 有关潜在顾客会出现的集体会场，创业者最好尽量赶到，例如：交流会、交易会、展销会、广交会、相关产品举行的会议等，赶过去，就有机会集体接触更多的潜在客户或竞争对手，一方面开阔眼界，另一方面招揽生意。

4. 结合市场变化，把握消费者心理，多创意，开发适合市场的产品。

5. 多多学习别人的长处，为我所用。发挥自己的优势，力争越做越好，不断提升自我的市场竞争力。

6. 不论是公司命名还是产品命名，一定不能马虎。这如同一块招牌，一块对自我形象宣传的绝妙文字广告牌。一个令人产生好感，难以忘怀的名字，往往会给创业者带来意想不到的惊喜。

7. 什么产品都需要好的包装：根据商品性质，突出商品个性、品味、即新奇、又美观大方的商品包装，会大大提升你的商品予人的印象，更受顾客欢迎与喜爱。

8. 追求空白利润空间，在别人还未想到或还没有多少人进入的空间里努力。

致富名言

先相信你自己，然后别人才会相信你。

——屠格涅夫

李大宏☞4斤猪毛卖一头猪的价

■ 创业人：李大宏→卖猪毛起家

李大宏出生于云南昭通，开始自己创业之前，他一直在昭通市委组织部工作。1997年，就在他与市委领导一同去一家猪鬃厂考察时，在那里发现了令他兴奋的机遇。他认为这是一个巨大的致富机遇，回来后毅然下海经商。如今，他的事业蒸蒸日上，产品年产值达到了1.4个亿，出口量已占到了全国的三分之一。

■创业历程

发现商机：猪鬃做工业用刷。

初步行动：1998年，看准商机后，李大宏辞去了自己稳定的工作，全身投入猪毛的收购中。他发现云南一个偏僻村庄养殖了一种乌金猪，这种土生土长的黑猪猪毛纯黑，根条粗，弹性好，是优质工业用刷的最佳原材料。说干就干，他借来60万元办起了水洗厂，然后以30元/公斤的价格开始收购猪毛，工厂就这么办起来了。到年底，水洗厂轻轻松松地赚了10万元。这相当于他当时20年的工资。

乘胜追击：当水洗厂生意越来越红火时，李大宏计划着扩大规模，但是他的拍档不支持他这一想法，只希望他做好原料供应商。于是李大宏于1999年5月自己重新开了家工厂，并从江苏高薪聘请了一位师傅开始了水煮猪鬃。

扩大规模：2001年，李大宏参加了广交会，也就是在这次的广交会上，他结识了瑞士Desco公司采购顾宁，也恰恰是这个人的出现，给了李大宏一次彻底翻身的机会，奠定了后来他成为产业龙头老大的基础，可以说顾宁就是李大宏命运得已改变的关键人。当时一个柜是12万美金，他以15万美元/公斤签了两个柜。这位名叫顾宁的采购商来自全球最大猪鬃采购企业，他一眼就看中了李大宏的猪鬃，在顾宁眼里这些商品即物美又价廉，于是每个月他都会向李大宏发出订单，很快李大宏的猪鬃销售规模就突破了千万，他也成了昭通出口猪鬃最多的人。

2004年，猪鬃原材料价格飙升了2元/公斤。李大宏果断做出决定，筹集了1000多万元资金借给了更多的水洗场，条件是卖给自己的水洗鬃每公斤要优惠一到两元钱。从此，把钱借给水洗场成了李大宏企业的一贯作风。

2007年，就在李大宏借给水洗场的资金达到3000万元时，一个产业奇迹出现了。以前一直被各个企业争抢的水洗鬃渐渐地都汇集到了李大宏的手里。这张编织了三年的大网终于完成。当初，李大宏借给了杜开兰100万元，条件是杜开兰加工的水洗鬃必须卖给自己。杜开兰如获救命草，急忙用这笔来自李大宏的资金开始抢购猪鬃以确保顺利开工，而李大宏用100万元搞定了300万元的货源。当他借给水洗场的资金达到 3000 万元时，李大宏直接控制的水洗鬃已经达到了一个亿，这个惊人的数字占据当地产量的八成。控制了货源，李大宏便具备了向外商叫板的发言权。李大宏直接向国外客户喊出每公斤水煮猪鬃增加 3 美元，达到当时最高价 38 美元一公斤，对方被迫接受了。

李大宏的事业发展至今，水煮猪鬃年销售量达 100 多万公斤，年产值达 1.4 亿元，尤其以黑鬃销售量占到了全国三成的份额，进货价为 30 元 / 公斤的猪鬃，而在如今的李大宏手上却可以轻易卖到 600 元 / 公斤。

■ 致富金钥匙

通过这篇创业故事，我们可以获得以下经验：

1. 善于发现商机。要多留心周边的事物，商机无处不在，我们要做发掘商机的有心人。

2. 办事要果断。在充分了解和考察了市场的前提下，说干就干，一鼓作气。

3. 培养自己长远的，发展的眼光。做生意有时不能一天两天见成果，特别是要想做大规模，一定要有坐得十年冷板凳的决心，从长远利益来考虑。

4. 多交益友。

致富名言

在一切大事业上，人在开始前要像千眼神那样察视时机，而在进行时要像千手神那样抓住时机。

——培根

马武松☞一个乌龟卖38万元

■创业人：马武松→养殖金钱龟起家

马武松，广西壮族自治区钦州市人，自幼父母双亡，一直在菜市场流浪。二十多岁时，他突然对金钱龟感兴趣，几次蛰伏出手，居然把一只金钱龟卖到了38万元的天价，并因此慢慢积累了上亿资产。

■创业历程

1990年，马武松认识了一个叫莫兴计的人在市场里卖金钱龟赚了不少的钱，他找到莫兴计，商量着可以帮他把金钱龟卖到外地去赚更多的钱。两人从此一拍即合，莫兴计负责收购，马武松专心销售。

1991年的某一天，马武松准备去南宁销售金钱龟，当时他只带了50几只金钱龟。刚刚将那小东西拿出来，马上聚集了一批买家，大家将他围在里面，都想得到这批货，居然为了争抢这50只金钱龟互不相让，最后竟然厮打成一团，马武松在劝架中，一只手背被人砍伤。这次卖金钱龟让马武松悟出来这一刀背后的市场玄机。“为什么这么多人争，说明这金钱龟的的市场需求是很大的，现在卖这个价格这么多人抢，那若是将价格提高100倍或者500倍，应该也有市场需求。”从此马武松多了一个心眼，收购来的金钱龟他不急着转手卖掉，而是用来繁育金钱龟种苗。在种苗的摸索过程中，他发现，金钱龟的壳形一下子拱起来不适合做交配，壳型上有一个平台，比较容易交配。就这样，他将金钱龟分成两类，壳型一下子拱起来的就转手卖掉，壳型上有平台的就留着交配繁殖。经过反复试验马武松成了广西掌握金钱龟孵化技术第一人。

1996年，市场正如马武松所预测，金钱龟价格涨到了3000元一斤，正当人们揣着现金四处寻找金钱龟种苗的时候，马武松一下子把500只龟苗投放到市场，并因此在业界一举成名。但对于后来拥有亿万财富的马武松来说，这只是刚刚开始，接下来的一个大手笔让人们不得不佩服他赚钱的独到之处。那么，马武松到底是凭什么成就他的亿万财富的呢?

金钱龟肉质非常鲜美,一直都是我国传统的名贵中药,它全身都是宝,甲、肉、皮、脏血、尿等均能入药。繁殖困难使金钱龟难以规模化生产，产品的稀少决定了金钱龟的珍贵程度，且金钱龟谐音有金钱归来的意思，寓意吉祥很讨彩头，特别是在广东、广西和港澳地区很是抢手。

马武松疯狂赚了一笔，这让同行们大大嫉妒了一把，也争相跟风，想要分一杯羹的时候，他却让大家丈二和尚摸不着头脑，大家都以为下一步他会扩大养殖规模，他却似乎放弃了金钱龟的养殖。其实马武松并不是放弃，而是正在酝酿着另一个大手笔。

1998 年马武松在市场上认识了正在卖石金钱龟的黄武斌，他们的命运因为这次相遇都发生了重大改变。不久，马武松突然找到黄武斌，给他送来 700 只石金钱龟苗，让他搞养殖。提出不赚不要钱，赚了才给回他钱。2000 年，石金钱龟价格从 60 元钱猛涨到了 240 元钱一斤，这让很多人始料不及，石金钱龟咋也这么贵呢?

等到黄武斌养的那 700 只石金钱龟体重达到 2 斤时，马武松马上帮他把石金钱龟全都转手卖掉，居然卖到了 400 多元一只，扣除 80 元钱的种苗钱，黄武斌一只石金钱龟便净赚 300 多元，一下子成为村里的首富。

黄武斌这次养殖石金钱龟令自己大翻身，身价倍增的事很快就传了出去，成了一个活广告，马武松这个时候便开始扩大他的规模了，有了资本，他趁势在广西建了三个乌龟养殖基地，并且引进了十几个乌龟品种，一举与 500 多位农民签订了供销合同。马武松提出他负责赊欠种苗、提供养殖技术给大家。因为太大的便宜甚至令人们有些怀疑他的动机。放着赚钱的金钱龟不养，偏偏选中了石金钱龟和其他的鳖。马武松这样跟大家解释:“古人说，利薄富人多，就赚了大钱，你利厚了也没有用，你一天赚了一个金钱龟的收入，不够我一个石金钱赚了一角，我一天就卖他一万个。”

越来越多的人跟着马武松养殖，发展至 2002 年的时候，跟随他一起干活的农民已经达到 7000 多人。他们每年生产各种龟鳖数量也达到了 20 多万只，产值达到了 6000 多万元。马武松的公司专业负责指导这些农民，并且不断发展养殖的规模，理所当然他也成了广西最大的龟鳖养殖大户。孰不知，随着规模的放大，危机也如影相随低一步步逼近他，给他在养殖事业正如日中天的时候带来了一场劫难，也可以说是一场生死存亡的巨大考验。

2005年，市场上石金钱种龟的价格一下子大幅度下跌，从以前的2000元钱一斤降到了250元钱一斤，而种苗也相应大肆降价，从以前的200元一个一举降到了70元每个。这市场突变带来的一声巨响，令马武松以及跟着他一起干活的农民全都慌了手脚。几百名农民陆续找到他，纷纷要求他可以将自己手上还没长大的种苗提前回收。尽管马武松一再向大家解释，他认为这样一来养殖户反而吃亏了。可那些农民哪里听得进他的解释，他们都表示没有耐心去冒着风险等那个未知的结果。无奈之下，他还是通过努力周转资金以75元钱一个的价钱回收了3万只龟苗。这也将马武松推到了风口浪尖上，令他一个人承受着所有的风险，大家都在等着看结果是否会如他所料。

2005年，钦州市举办活动，主题是：天下名龟出钦州。这次大规模的活动邀请了全国各地几千名龟鳖产业的养殖户参加。活动中，有一个重头节目，吸引了许许多多的人去围观，一大锅用24只石金钱龟熬制的汤，成了大家议论的话题，大家纷纷排队，谁都想喝上一碗这么名贵的汤，即使喝不到，也想见识一下这价值18万元的乌龟汤。马武松的这一巨大举动得到了一个叫陈年水的浙江养殖大户签订合同，他以80元钱一个的价钱把3万只种苗转卖给了陈年水，并承诺将会以160元钱每斤的价格回收。

到了2007年，石金钱的价格果然回升了，他以160元每斤的价格从两年前签订合同的陈年水手里拿回了那些乌龟，转手以240元每斤的价格卖了出去，许多农民又重新跟着马武松养起乌龟。经过几次的大起大落，他始终以精准的眼光看市场，而不被那些大风大浪所吓倒，也靠着这份定力，成就了他的亿万财富。

■ 致富金钥匙：

看着马武松大起大落，几经沉浮的创业故事，我们惊叹的同时又可以收获一些什么呢？

1. 创业就是要懂得绕开盲目跟风的人群，另辟蹊径走别人未走的路线。最好是发现一条无人走过而又倍有市场潜力的路线。

2. 市场先机的苗头往往孕育在一些细小的事情上，只要你认真思考推敲，你也能走在致富的大道上。

致富名言

只有经过长时间完成其发展的艰苦工作，并长期埋头沉浸于其中的任务，方可望有所成就。

——黑格尔

陈大荣 ☞ 天价槐猪肉

■ 创业人：陈大荣→养槐猪起家

陈大荣，上杭县彩霞村村民，从事建筑生意。后来政策下来，养槐猪有补贴，陈大荣动心了，他认为有这么好的政策，这么好的资源，这是个好机会。

■ 创业历程

借助国家政策的帮忙，也借这股东风，大胆的陈大荣索性租下自己村里4000 亩山地，建起了扩繁场，他总共养了 1000 头槐猪。大家都为他捏了一把汗，为他算了一笔账，饲料加上人工费用，一头槐猪一年的成本就要花费 1100 元，就算按毛重出售，也得每公斤至少卖到 16 元才能保本，市场上会接受如此高价吗？不止大家怀疑，其实陈大荣本人心里也有些忐忑不安。

2009 年 3 月，陈大荣第一批槐猪快要出栏时，一个叫曾广德的人突然找上门来，提出要高价收购他的槐猪。曾广德说："因为这个槐猪的品质非常好，我小时候就是吃这种槐猪长大的，我现在福州市区工作，目前在福州市场上面，还没有这种原生态养殖的高端肉，这个市场还是一片空白的。”他打算抢占商机在福州销售槐猪，他给出了30元一公斤的收购价，这是普通猪收购价的2倍左右，陈大荣喜出望外和曾广德达成了供货协议，但是他也为曾广德担心，收购价这么高曾广德能卖得出去吗?

2009年，曾广德开始销售昂贵的槐猪肉了，他将专柜设在福州市区的超市。经过仔细核算成本后，他得出了猪肉的定价，平均每公斤60元，其中最贵的肋排价值130元。尽管价格比普通的猪肉高出了许多，但槐猪独特的品质仍旧为他吸引了不少消费者。

慢慢槐猪肉开始越来越受大家的欢迎，在市场上流行起来，那家超市也可以每天卖出一头槐猪，这就帮他成功打开了猪肉的福州市场。渐渐地，生意越来越好，他接着又将槐猪销到了厦门、龙岩等地。从几年前的濒临绝种到现在重新走俏市场，上杭槐猪并不是个别现象，福建省莆田黑猪和福建黄兔也经历了类似的情况，现在重新开发后均打造成了高端产品。现在，莆田黑猪的市场价达到50元一公斤，福建黄兔卖到了40元一公斤。过去大家都在温饱线上挣扎，当然不会过高追求农产品的质量，而如今年随着消费水平的不断提升，也越来越看中农产品的品质，这也将会成为今后农产品的发展趋势。

■致富金钥匙：

从这位利用政策，利用农产品治富的陈大荣成功创业的故事里，我们又能收获什么呢?

1. 善于利用政策，获得资金资助。可以说任何事业的成功都需要相当的启动资金做后台，如果有机会就要好好把握，看准时机，看准市场，主动出击。

2. 紧随社会发展趋势，从人们的心理入手去着手准备。最值钱的门路就诞生在当今叫得最响的口号中。比如，环保、健康、来自大自然等。

致富名言

追上未来，抓住它的本质，把未来转变为现在。

——车尔尼雪夫斯基

孙辉民☞创业解决残疾人就业的人

■创业人：孙辉民→网吧起家

孙辉民是一位小儿麻痹后遗症患者，当年两次高考因为残疾被大学拒之门外。但他并没有向命运屈服，通过电大学习成才，凭着毅力创造了奇迹，成为“中国软件行业杰出青年”，且先后受到邓小平、杨尚昆等党和国家领导人的接见。现在，孙辉民在广州开设了一家大型连锁网吧，坐拥5000万资产的他每年资助大批残疾青年求学、就业。

■创业历程

1983年，孙辉民被所任职单位派往深圳工作。他当时所在单位受国家经委信息中心委托，需要收集“微机远程通信”的各方面第一手资料，而孙辉民这位以拐代腿的残疾人接受了这个使命，他奔赴全国各地，可谓历尽千辛万苦，经过多次试验，大胆探索，为单位积累了许多第一手材料，最后根据他们的准确数据资料，在团队的通力合作下，成功设计出了符合我国通信线路实际情况的数据交换系统，这次的重大创新技术也为他这个软件工程师生涯画上了浓重的一笔。

孙辉民是国内最早将计算机运用于财务管理的软件开发工程师，他把国务院直属各部委的房地产管理作为对象，根据这个模式来设计，经过克服重重困难，先后开发了4个一次次改进的版本的软件。该软件测试成功后，在国务院直属的80多个部委全面推行使用，孙辉民一举开辟了房地产管理计算机化的先河。使用者国务院机关事务管理局许多领导认为由于他这套管理财务软件的使用，将会带来极为深远的影响，这也标志着国家房地产管理现代化又向前迈进了一大步。当然，这些领先行业的软件得到推行，也为这个提出者、倡导者孙辉民积累了后来自己创业的第一桶金。将所有的奖金加在一起就有好几万，在当时而言，这已经是一笔不少的钱。

1992年，孙辉民辞职下海，这一举动足足震憾每一个他身边的亲人和朋友，大家都不敢相信他居然会有如此举措。然而他自有他自己的想法：他认为残疾人行动不便，也正因为如此，这令许多人失去了就业的机会，但对于软件这个行业来说，这几乎对于所有人都是一个平等的平台。他觉得自己可以做到的，其他的残疾人也可以办到。他想为如同自己一样的同胞们创建一条就业的直通大道。眼下，中国软件业急求大量人才是一个趋势，而这一高质量的行业也许就恰恰可以解决大量残疾人就业问题。他坚信这条路是可行的，只是一直未有人去推动，而此时此刻，他决定做第一个推动人。

孙辉民的决定不止令亲朋好友吃惊，也同时震撼了许多人。甚至连中国残联党组书记王新宪都曾经对他说过这样的话："残疾人中下海的很多，但是一个残疾人放弃优越的岗位和待遇下海，你是第一个。"

创业是艰辛的，不会对任何一人例外。然而在经历了许多生活上、工作上的困难之后，孙辉民的举动最终得到了社会的支持。他的公司规模逐渐扩大，并在国内同行业中站稳了脚跟。而组成公司的人员有三分之一是来自全国各地的残疾人。他们身残志不残，追求上进，自学成才，特意加入孙辉民的事业队伍中，希望借此平台可以发自己的光和热，同时实现自身的人身价值。

在孙辉民的润衡公司，每位职员，特别是每个残疾的职员都深切地感受到通过工作，他们不仅仅只是活着，他们和身体正常的人一样，在这里，他们实现了他们的人生价值。通过大家团结在一起5年的努力，这个由孙辉民带领的残疾人公司创造了良好的经济效益和社会效益，凭着他在这第一间公司积累的宝贵经验，很快他又在深圳、北京创办了类似的公司。就这样一个特殊群体，完全依靠自身的实力，在没有别人援助，没有得到一分钱贷款的情况下，在激烈的社会竞争中做得有声有色，他们的举动赢得了国务院机关事务管理局、深圳市证券交易所、深圳机场、康佳彩电、蓝带啤酒等一批重要的稳定客户。

为了公司发展，又因为广州市残联负责人和广州市对于他所创业的企业非常重视，他做出了一个大胆的决定，将企业的总部搬到广州。他觉得这片沃土会令他的企业更有希望。在一个完全陌生的地方，等于又一次从零开始，但他仍旧坚持着，经过连续四年的亏损，到了第五年，公司终于开始转亏为盈。

自从企业盈利后，孙辉民开始思考如何帮助更多的残疾人就业，如何通过企业令更多残疾人做到自立自强，为社会做出贡献。他觉得网吧在这方面有着相当大的作用，要安排残疾人在网吧中学习与就业。他马上将这个想法告诉了残联，马上获得了他们的赞赏，双方一拍即合。于是他开始积极筹建爱心连锁网吧，借助广州残联对他的大力支持，把广州市创建全国残疾人工作示范城市，把安置残疾人就业作为重点工程项目之一。发展至今，孙辉民的旗下的“润衡爱心连锁网吧”已经拥有32间，这个由残疾人举办，专门解决残疾人就业的网吧也成为了广州市最大的连锁网吧。经过几年的发展，“润衡爱心连锁网吧”先后为110名残疾人解决了就业问题，并且给予90名残疾人资助与支持，帮助他们就读华南师范大学网络教育学院，为他们免费提供计算机和上网学习条件。公司开办的主要目的就是解决残疾人在网吧就业，并且对那些专业技能有待提升的残疾人，资助他们去学习，优先为他们提供就业机会。这一独特模式，受到了中国残联的高度关注，正在成为各地残联学习的楷模。孙辉民也连续三年获得了网吧风云人物奖，资助残疾人等一系列荣誉。

孙辉民不仅热心帮忙残疾人，他还热心慈善事业，2006年粤北地区遭受水灾后，他组织广东狮子会爱心服务队募集了45万元现金，并且全部捐赠给韶关市浈江区黄塘村作为重建家园之用。另外，他还为乐昌的学校捐赠了1480套全新的桌椅，并且资助东莞市企石镇10名贫困大学生上大学等。

孙辉民自己是软件工程师出身，但是对于自己会成为“网吧大亨”，这也是他意想不到的。一直以来，他最看重的是利用自己的资源与能力，寻找可以解决残疾人就业的方式，选中网吧，是因为网吧是他所能想到的对扶助残疾人就业最方便的途径。据他介绍，由于有广东省教育厅以及残疾人培训基地华南师范大学网络教育学院的大力支持，“润衡爱心连锁网吧”已成为华南师范大学网络教育学院的学习中心。这里招生越来越多，三年中网吧招收了近600名学生接受学历教育，引导在网吧上网的打工族，通过现代化的远程教育模式接受高等学历教育。在大家的努力下，他提供资源，残疾人自强不息，很快就有142人拿到了毕业证书，并且有60名残疾人留下来成为了工作者。

有些残疾人没有钱读书、学习，孙辉民为他们争取了减免一半学费的待遇。他说一个专业读下来，学费在4000元左右，如果此时残疾人还有经济上的困难，他的公司会帮他垫付，等他就业后再通过工作慢慢偿还。孙辉民自己也是靠拐杖才能走路，可以说是不幸的，但他却在不幸的人生舞台上演出了一幕幕精彩大戏。他不仅仅是散发了自身的光芒，也实现了更多残疾人的梦想。

■致富金钥匙

一个残疾人——孙辉民在工作单位经过自己的努力拼博获得了许多荣誉后，面临顺风顺水的职场，他却大喊一声，要去创业，为更多的残疾人而努力。在许多人惊讶的目光下，他以自己的行动创造了一个又一个奇迹。从他创业成功的故事里，我们又可以读懂什么呢？

1. 困难只会在强者面前投降，创业者必须有足够坚持、抵抗挫折的毅力。孙辉民可以做到的，作为正常人的你也一样可以做到。历经四年的亏损，他都能为了自己的目标，积极创造条件争取，你可以吗？为了自己的目标，他从一无所知，到如今的成就，可以说都是他的努力争取与坚持换来的。

2. 带着那颗善心上路，任何时候，自己有能力就多帮助他人，别人也会同样给予你帮助，还有其他的人会看到你的善举，你的一切付出将会值得。

3. 充分发挥自身特长与优势，回避你的短处。创业即找着自己的一个特长，令其发挥到极致，你便能很好地驰骋于商场。

致富名言

不能等别人为你铺好路，而是自己去走、去犯错，而后，创造一条自己的路。

——古祖特（法）

周成建☞一飞冲天的美特斯邦威

■创业人：周成建→服装专卖店起家

2007年4月，周成建一手创建的美特斯邦威服装专卖店已经遍布中国许多大中城市，专卖店数量达2200多家。周成建以一个成功创业者的过来人身份，在长江商学院东湖论坛上说到对创业的一些看法，他说当初自己创业时没有任何的支持，现在政府提供了许多有利资源给创业者，但他也想给创业者一句话，那就是："创业一定要找市场，千万不要找市长。"

■创业历程

周成建17岁的时候在老家县城里开了间裁缝铺子，年轻气盛又没经验，很快他的铺子就没了流动资金而关门了。结束了生意，他只得孤身一人去其他城市闲荡，最后他选择了温州。在找工作的过程中，经过许多次的碰壁之后，有个老板看中了他的手艺，并且爽快答应收下他在店里做裁缝。

周成建也知道这份工作来之不易，所以他非常珍惜，工作的时候十分卖力，经常一天工作16小时以上。有一次他开着缝纫机，实在顶不住瞌睡，失手把一整批西装袖子全截短了。裁缝店老板知道此事后勃然大怒，周成建灵机一动，突然想到了将西装袖子改成了夹克袖子，没想到改完后，式样各方面都还不错，客户也爽快接受了这批货。在这一招奏效后，周成建变得很有信心，他开始利用空闲时间研究"生意经"。后来他一头扎进市场，做起了前店后厂的生意，不断研究出一些新的方式、新的款式两头赚钱。

当周成建积累了一定的资本、经验、人脉后，就果断地投资400万元成立了后来这个令他迈向巨大成功的——温州美特斯邦威有限公司。当时，温州市场西装行业到处都是，而周成建却另辟新径，独自做起了还没流行起来的品牌休闲服饰。他用手头的钱成立了制衣厂，正式生产休闲服装，并且还打出了自己的品牌"美特斯邦威"，主要顾客群体为广大的工薪阶层，产品走薄利多销的销售路线。

周成建的经营路线完全来自当初他在厂家与店家之间多次周旋而研究出来的本事。令人惊奇的是美特斯邦威成立后，居然从来没生产过一件成衣，这里仅仅只是一个加工厂，周成建的专卖店产品来自全国200多家服装厂。他自己的厂只是进行后续加工，挂上自己的牌子。周成建的美特斯邦威也不卖衣服，他将所有成品服装分布在全国的1200多家加盟店销售。到2004年，周成建的美特斯邦威已经突破25亿元的销售额、2000多万件套的年销量，这个惊人的成绩，令周成建在服装业界声名鹊起。用他自己的话来解释他成功的经验：他靠的是虚拟经营，这样可以迅速扩大资本，一招是对厂家而言的——“借鸡生蛋”(定牌生产)，另一招是对加盟店而言的——“借网捕鱼”(特许连锁经营)。

美特斯邦威的经营模式进入贸易摩擦频发的2005年时，面对纺织服装业外部环境的变化，面对大量外销订单滞后的局面。许多企业已经频频走向破产。而美特斯邦威反而显得越发强大了，在这服装行业艰难的一年里，居然奇迹般实现了46亿元人民币的销售收入。

周成建对供应链的管理采用了整套集采购、生产、销售于一体的ERP软件，甚至通过这套软件，他可以了解到整个流程的所有信息。还能实时掌握每个专卖店进、销、存状况，并根据这些数字随时变更生产订单。周成建自身没有读过什么书，但他却很相信科学，他懂得利用一套系统来为自己服务，即：制造商资源管理系统(MBFAC-ERP)、集团内部资源管理系统(MB-ERP)和代理商资源管理系统(MBAGT-ERP)的信息平台，正因为他重视科学，懂得利用科学来管理自己的企业供应链，美特斯邦威在2005年秋冬季服装销售时，相对以往的平均成功，成功地将运营成本降低了18%。

2006年，周成建以个人资产33亿元成功入选“胡润中国百富榜”第85位。

2007年，周成建以个人资产60亿元，成功跃居“胡润中国百富榜”第6位。

最近周成建频频出席大规模品牌店的活动，他正在着手计划，目标定于2010年前在全国开设100家5000平方米~10000平方米规模的旗舰店。这个大胆的设想与创举，极大地刺激了生产商们的热情，许多厂家都纷纷争抢来自美特斯邦威服装专卖店的订单。

■致富金钥匙

周成建的美特斯邦威可以说是一飞冲天，一路以所向披靡的气势迅猛发展。这有没有偶然的因素呢？是巧合还是机遇？如果是，那我们也可以说：机遇更喜欢青睐那些有准备的头脑。每一个人的经历都各不相同，每一个人的兴趣与思维都各不一样，但是有一点：只要你懂得如何充分利用你现有的资源，那你就得到了成功的保证。从周成建的身上，创业者又可以得到什么呢？

1. 任何时候都不要对失败耿耿于怀。如果周成建的小裁缝店生意马马虎虎可以混日子了，他还会急于寻找以后的成功之路吗？他还有机会取得现在的业绩吗？

2. 面对错误，勇于承担责任，并且寻找最佳的解决办法。事情做砸了是谁也不愿意看到的事情，大多数人的做法是害怕、推卸责任、尽快了事。其实我们可以从中思考是否有最佳的处理办法，任何时候遇到错误都要命令自己思考这个问题，也许你会得到意想不到的答案，如周成建将裁短的西装改装成夹克。

3. 多思考。不论你现在身处何处，都可以选择自己感兴趣的方向，多了解情报，多思考，摸索出更多的有利资源。

4. 懂得边行动边借助先进的科学。许多人都能创立企业，可成功经营的人却并不是很多。要经营好，最好是借助先进的科学来管理，任何时候，我们都不要抗拒科学的无穷魅力。

致富名言

一个人只管把事情做好，财富的多少不是自己决定的，是他人，是市场，是社会决定的！

——崔国诚

吴晓斌 ☞ 手机创新引领财富路

■ 创业人：吴晓斌→一根天线起家

温州人在国内来说会做生意，大家都见多不怪。可在日本从低到高，由简单传统行业到高科技产品，由一个打工者身价倍增为一个亿万富翁的却不多见。吴晓斌这个温州人在日本人不屑的眼神里，用行动、用事实经过 11 年的努力，从白手起家到如今资产过亿，拥有十多家公司证明了自己。日本忠成株式会社董事长、日本温州总商会会长、中国对外贸易协会副理事长都是他身上的光环。这个温州来的中国人已经向日本人证明什么是中国人的自尊和荣耀。

■ 创业历程

出生于浙江省温州市的吴晓斌，从小看到的都是温州人生意场上的成功。从小他便暗暗立志：自己的将来一定不能平凡，一定要做出一份大事业。吴晓斌 25 岁那年，创办了自己的第一家实业公司，正式开始了自己的创业历程。公司在这个小伙子的经营下，一切发展顺利，利润也随着公司的发展日益高升。可他一点也不满足于现状，随着接触面的扩大，阅历的丰富，他开始意识到知识对于企业发展的重要性。为更好地吸收国外的高新技术及先进管理模式，1995 年，他放弃了国内安定的生活，前往日本留学。放弃安安稳稳的国内老板不做，在日本可谓品尝尽了生活的艰辛，为了生活，什么活他都干：烧烤、摆地摊、洗公厕等等，他知道这一切只是暂时的，为了实现心中的目标与理想，他时常受到日本人的歧视。可这丝毫没有动摇他的意志，最终他还是挺了过来。

当时温州人在日本金融界的有名人士还是挺多的，日本人对中国的温州商人非常关注，同时他们也密切关注温州的经济，并且在当时日本几大知名银行都有对温州及其相关事情设有专门研究报告。日本人认为在中国，温州人的经济实力相对较强，这些人很多都是经商的天才，并且具备超强的创业精神、开拓精神，有很大的销售网络，凝聚力与影响力都十分了得。

1998年，吴晓斌在日本青年身上留意到这样一种现像，他发现年轻人在使用手机时总是追逐标新立异，这令他突然来了灵感，想到要开发手机天线。接着，属于这个年轻人的日本忠成贸易有限会社（后来改名忠成株式会社）正式在日本成立了。公司成立后，他想到如果在日本生产这款天线，成本必定太高。于是他将目光锁定在老家温州，吴晓斌动用自己的所有资金并且还向朋友借来20万元，以风驰电掣般的速度，在短短三个月内就成功开发出手机闪光天线。事实上，手机闪光天线在日本市场上的情况恰如他早期所预料，至1999年底，他的手机闪光天线已经以巨大的利润空间成功吸引日本人，并且占据了日本市场的70%。

通过手机闪光天线这一单生意，吴晓斌就有了一定的资本积累。当他成功挖掘到人生的第一桶金后，又迅速开始寻求做大做强之路。2001年下半年，吴晓斌在日本成立了另一家公司——日本ZOX株式会社，这家公司主要以开发、生产、销售黑色家电产品为主。这次他选定的产品，又如同从前的手机闪光天线那般，在日本市场低迷的环境下迅猛发展，受到传媒和业界的高度赞誉。这惊动了日本许多媒体，大家都争相约他采访，报道他的事迹，最后电视台WORLD BUSINESS对吴晓斌进行了专访，甚至连日本经济财政大臣和财务副大臣也对吴晓斌给予了充分的肯定。这个年轻人开始在日本暂露头角，开始慢慢走红。

吴晓斌从来就不会停在自己的成功或荣誉簿上止步不前，2002年，他又开始瞄准新的市场，日本时计市场与室外用品及汽车用品市场等他均有涉猎。并且取得了一定的骄人成绩。在这之后，他闪电式收购了株式会社——太阳精机，于同年九月份，另一家属于他的公司在日本成立——有限会社SEEDS，以经营游乐设施为主。两年后，株式会社AXCEL又相继成立，主营玩具系列商品。公司一路发展，吴晓斌公司的产品已经涵盖了许多产业，包括：通信、视听、电子电器、数码、汽车用品及网络等领域，他在日本的公司集设计、生产、贸易于一体，突破了6000万美元的年销售额，当然，吴晓斌本人也早已是过亿身价。他在日本成功了，却并没有加入日本国籍，而是保持着中国的国籍，他说他为自己是一个中国人而感到自豪，他也愿意将自己的力量贡献给自己的祖国。

■ 致富金钥匙

吴晓斌这个从小立志做大事的中国温州人，怀揣巨大抱负，不轻易满足于眼前利益及进步，总是想方设法突破自己，突破自己的事业。他放弃了国内盈利的实业公司，只身闯日本，在日本经历众多风风雨雨后，最终熬出了头。一家接一家的公司成立，也一步一步地实现了他的意愿，实现了他的抱负。从这个温州人在日本创业的成功故事里，我们又将学到什么呢?

1. 立志是创业者实现抱负的第一步，怀着一个信念，一个意愿，一个希望，你就能如同吴晓斌这个中国温州人一般在纵多的困难面前，不退缩半步，做到迎难而上，最终达到自己的目标。

2. 了解目标市场的具体情况，找到人们的热点所在，在此基础上去思考，找到一条明确的创业路线。

3. 不断突破，市场机遇很多，找到后，就抓住。将成功的模式拷贝过去。

致富名言

不创新，就灭亡

——福特公司创始人亨利·福特

李朝东☞解开“爱情密码”的商人

■ 创业人：李朝东→情侣礼品起家

如同许多在职上班的企业职员一样，李朝东在决定创业之前也是一个对工作毫无激情，为了生活拿着一份固定工资的上班族。但他却在一次挑选送给老婆礼物的经历中受到了启发，他大胆地决定开出中国第一家情侣礼品专卖店。经过对市场的细心调查与对此行业的精密构思后，他便开始了几个月的苦心经营，最终，用行动证明他的创业路已经走向了光明，他成功了！发展至今，已经拥有20多家连锁加盟店，他也成了名副其实的情侣礼品老大。

■创业历程

李朝东厌倦了老家一成不变的生活，于是想到换一个环境，他辞职后来到了发达的沿海地区广州。凭借以往的相关经验，他迅速并且顺利地在中国联通寻呼广州公司找到一份业务员的工作。当时的中国联通寻呼公司才刚刚组建，寻呼业正如日中天。李朝东自以为选对了门路，在这间公司一做就是好几年，由业务员一路发展做上了市场部经理。可是，世上总难以有一帆风顺的事，公司发展到2000年底，寻呼行业开始走下坡路。后来公司业务整合，李朝东被调去分公司又成了一个一般职员。他深深感叹，给人家打工，命运始终掌握在别人手上，他认定自己不会在此长待，总是在寻找合适的时机，然后自己去开创自己的事业。他开始留意各类市场的信息情况，寻找合适的创业项目，但日子一天天过去，他始终没有得到半点灵感。

时间一晃就到了2002年9月，李朝东的老婆——凌儿过生日，李朝东回想自己一生奔波，妻子跟着自己好几年了，却从来没有收到过正儿八经的礼物。他想着给凌儿一个惊喜，在生日之前就特意去逛商场选购礼物，在商场逛了半天，却不知道送什么礼物好。衣服？化妆品？首饰？巧克力？太多选择了，但都很普通，凌儿又不一定喜欢。后来，他想起凌儿曾经提过想买一条秀气的细手链。他到首饰柜台前那一刻还满心以为确定了礼物，只是挑选会简单很多。可当他看到那些首饰时，他更加傻眼了，柜台里的手链款式多种多样，少说也有几百种，细细的，秀气的就有许多，式样相差不大，价格都不低，真不知道妻子会喜欢哪一款。李朝东这次突然来了灵感，他想到一个绝妙的可以讨妻子欢心的好点子：在手链的扣子一边刻上自己和妻子的生肖模样，另一面则刻上夫妻二人的名字，中间再加上个LOVE，这样一来这款手链就成了世上独一无二，仅妻子所有的了。他认定凌儿一定会很开心。

当李朝东寻问店主自己的创意是否可行时，店主告诉他这里从来不提供这种服务，即使全县城也只有一个刻字的地方，建议他去那里看看。为了令妻子得到不一样的礼物，他火速去了刻字老板的店里，店主听后轻描淡写回答他:“做是可以做，但是要为你一个人做一个模具，就要收500元模具费！”

李朝东顿时大吃一惊，这条铂金手链才800多元，刻几个字却要500多元。他犹豫再三后，为了博得妻子开心，狠狠心说:“我刻！”他的1300多元，换来的是如同他意料之中凌儿的狂喜。他望着妻子小心翼翼把那个手链珍藏在柜子的深处，生怕弄坏了或弄丢了时，那一刻他觉得特值。

事情过了有一段时间，李朝东与朋友们一起吃饭的时候闲聊中，随口提及了此事，话即出口，立即引起了大家的共鸣。大家普遍认为世界上最伤脑筋的事情就是给女朋友或妻子买到一份特别，她们喜欢的礼物。如果随便买一件，买得她们不喜欢，只能是空花冤枉钱。大家你一言，我一语，有朋友说给女朋友买了一辆车，可她怕死放在车库里一直没去碰，当买了一只公仔给她时，她却乐开了花，天天抱着。另一位朋友也感叹说，有的时候真的很想买一件老婆喜欢的礼物，直接问吧，她的脸马上就黑了，说我没情调，没情趣。李朝东一边听着朋友们的抱怨，一边在心里盘算着，思量着，他有种茅塞顿开的感觉，既然大家都觉得给另一半的礼物不好买，不如去开个情侣礼品商店吧！爱情永远都有，情侣礼品一直都会有人赠送，只要能够满足大家选购的要求，生意就会旺起来。

拿定主意后，李朝东开始在广州做起了市场调查，他有了个惊人的发现，全广州，乃至全中国，目前还没有一家专卖情侣礼品的店铺。难怪那么多要送礼物给情侣的人都苦不堪言。大家都为寻找礼物麻烦，为找不到好礼物而发愁！可是去哪里找到好的情侣礼品销售呢？李朝东开始四处搜寻，就在他搜寻的过程之中，他遇到了在一家广告公司做策划，年轻时尚的老朋友裙子。当时裙子正苦于每天根据客户的要求改方案，总是改来改去，加班加点，心情异常郁闷。很想可以有家自己的店。李朝东听到这里便乐了。他将心里的计划告诉裙子，他还有一个想法，就是裙子继续做策划，她点子多，又比较感性，有相当敏锐的审美观。而自己的最佳优势就是开拓业务，他负责市场开发这一部分。裙子立即同意，表现出很大兴趣。

在接下来的时间里，他们开始利用业余时间对市场作了详细调查，为了论证开情侣礼品店的可行性，他们俩经常去麦当劳、肯德基、咖啡馆、电影院、餐厅等情侣们经常聚会的地方，面对面跟目标顾客聊天、座谈，了解他们的需求。通过调查发现，消费者的需求确实很强烈，而目前的市场根本还远远不能满足他们的需求。

确定要开始进入这个行业，做这个创业项目后，他们便开始为想公司的名字而努力。两人想破了脑袋，也得到一大堆千奇百怪的店名，如“爱情烙印”、“珍爱一生”等等。后来，他们选择了“爱情密码”这个名字来做自己的品牌。他们请了专业设计师设计了公司标志：一瓣变形的玫瑰花，用230（爱上您）注册了网站。

情侣礼物的选择可不是一件容易的事儿，他们利用所有可以利用的资源，人脉关系，疯了似的在全世界范围寻找情侣礼品。他们找到了许多货源，然后从中挑选，如：韩国款会说话的手机链，一对分为两条，男女可以各一条，但成双成对的时候，两条独一无二的手机链碰到一起的时候会说“I Love You”。如：日本的“鸡蛋娃娃”、欧美的用内裤卷成的玫瑰花等一堆国内根本看不到的好玩有趣的情侣礼品。他们一边引进国内市场上无法见到的国外情侣产品，另一方面也积极在国内市场上寻找那些富有创意又少见的商品，甚至还开始自己设计产品。

如他们为情侣们设计的新式伞，要比一般雨伞大，有两个伞架，一个手柄，在浪漫的雨天，恋人们也可以自由自在地外出，再也不怕淋湿了。还可以走在最近的距离，又不用担心雨伞过小而淋湿其中的一个。

情侣衫的设计也是源于一些奇思异想。他们在情侣装的男装上弄一只狗的图像，女装上画根骨头，“狗追骨头”的创意就这么完成了。另外还有许多与此相近的创意，如：男装上是一只风筝，而女装上是一卷线，寓意为：“牵挂你的人是我”。

当一切工作准备就绪，认为没有多大风险的时候，两人才正式辞职开店。他们拿着自己的积蓄，找亲人、朋友凑了10多万元钱，在天河南一路这个人来人往的黄金地段租了一间门面来做展厅。

展厅的装修与设计处处洋溢着温馨与浪漫，他们还特意请了两个年轻漂亮、精通星座和血型的女孩子来为自己的小店做促销，此后，他们将“爱情密码”去工商局注册了礼品品牌，并成立了广州市传情礼品有限公司。

2004年3月，爱情密码情侣礼品专卖店正式开张。刚开始虽然准备很多，但并不是太懂经营，许多来客都是老朋友，第一个月仅仅收支相抵。可到了第二个月，已经摸清了一些门路的他们将营业额一下子拉升到8000元。经过一些相关的宣传，推广，小店的人气越来越旺，小店的营业额不断刷新，一直狂涨到每月4万元。这令他们喜笑颜开，进一步增强了经营好小店的信心。

后来小店一直顺风顺水发展着，李朝东利用在销售时学到的知识，根据许多朋友想要加盟的要求，编写了一套系统的《连锁加盟管理手册》和《连锁加盟具体操作手册》，制订了周密的扶持加盟商的计划。后来，他们的小店又得到了媒体的关注，广东卫视和南方都市台纷纷扛着机器来拍摄，并在电视台报台了这个专为爱情开设的情侣礼品店。

电视媒体的力量是巨大的，当新闻播出后，要求过来加盟的人越来越多。经过一番精心筛选与运作，到现在为止“爱情密码”已经在全国有了21家连锁加盟店。

李朝东一直认为，只要人间还有爱情，人们还向往爱情，那“爱情密码”就有呼吸生存的空间。

■致富金钥匙

李朝东偶然间在购买送给妻子的礼物时发现了一个商机，后来与朋友裙子经过漫长时间的市场调查与准备，一举打开中国情侣礼品市场，并且取得了相当可观的成绩。从他们成功创业的足迹中，我们又可以捕捉到什么可以借鉴的地方呢?

1. 寻找一个项目的最好方法便是处处留心观察，记在心上。也许一时半刻你不会有感觉，但当机会来临时，你便可以很好地抓住。创造力是世界上最廉价最高效的创业武器。一个好想法，一个市场空白，一个新点子，往往是扭转人生的开始。

2. 创业之初，充分的市场调查与前期的准备工作都非常重要，卖什么特色商品、店名的选择、店址的选择、推广的方法、目标顾客群体都是创业者需要一一细心调查的。

致富名言

其实创业就像挖井，你在一个坑里聚焦 10 年，不断往下挖，见到树根扔树根，见到石头扔石头，坚持下去就一定能挖出水来。怕的就是 10 年挖了 10 个坑，没一个有水。

——江南春

赵昌琴 ☞ 带领侨民们走向致富路

■ 创业人：赵昌琴→国外摆地摊起家

出生于中国的赵昌琴，一直四处寻找一块适合自己栖息、发展之地。他的脚步甚至踏出了国门，最后在一个叫热那亚的地方停下了他流浪的脚步。这里是利古里亚大区的首府，也是意大利重要的港口城市，更是世界著名的天然深港，这个享誉全球的地方也是伟大航海家哥伦布的诞生地。赵昌琴自从在这里落地安家后，他用汗水和智慧书写了旅意华人的创业史。经过辛苦努力的 16 年奋斗，赵昌琴不仅成功地融入了当地社会，经营了个人生意，而且还为所有在那个地区的海外华侨们贡献了自己的一份力量，于是他被选为意大利热那亚（利古里亚大区）华侨华人工商联谊会会长。

■ 创业历程

赵昌琴发现在人生事业的起步阶段，也如同航海家哥伦布的寻觅那般，经历了许多时间的漂流，直到最后才终有所获。他来自浙江瑞安市塘下镇，没有念过大学，初中毕业后就已经开店经商，并且成功地进入了中国第一批万元户的队伍行列。还是在 1989 年的时候，国内兴起了一股“出国潮”，他也跟风去了法国巴黎，希望跳出国门，寻求更进一步的发展。来到法国后，他开始经营制作皮包，每天十几小时的不停劳动却并未见到任何起色。后来，为了获取华侨的合法身份，他趁着意大利大赦的机会去了普拉托，利用已经掌握的专业缝纫技术做起了皮衣，收入不菲。但是皮衣这种买卖是具有季节性的，在生意好的季节里，他忙得晕头转向，而生意不好的时段里，他却在白白度日，赵昌琴感觉这并不是一条正确的门路，他的远大抱负、理想并不能在此得到施展。

1993年，在一个朋友的介绍下，赵昌琴来到了这个叫作——热那亚的地方。他对这座城市很有好感，没过多久，便决定留下来创业。因为学历原因，语言关系，为方便与当地人沟通交流，他抓紧一切时间自学意大利语。第二年他顺利考取了“经理执照”，并成功在当地申请到了一个“流动摊位证”。在那个年代里，在他人的国家，能够合法做中国货买卖的中国人寥寥无几，在这里做生意是很赚钱的。赵昌琴起早贪黑，非常勤奋，一般汽车的使用寿命决定了只能行车一二十万公里，而他的卖货行程一年下来却累计达到6万多公里。经过几年的打拼，几年的辛苦奋斗，他的生意越做越大，卖货也越来越多，他的顾客已经覆盖到热那亚以外的意大利北部地区，而且还在一步一步向外扩张。

1998年，赵昌琴利用赚来的钱在热那亚购买了属于自己的第一套房子。第二年，许多华人都对意大利政府缺乏信任，不愿意在这里购买固定资产，而他却在VIAGRAMSCI毅然购置了一间店铺批发中国商品，这间商店也成为当时热那亚唯一的一间中国批发店。当然，一路发展，后来慢慢也有许多中国商家来这里安家落户，这里很快发展到了几十家中国批发店。他当时的想法很简单，他认为只要移民遵纪守法，将得到的收入合理交税，政府就不会来找麻烦。2000年华人的工艺品兴起于意大利的市场上。赵昌琴也紧紧抓住了这个机会，他独具慧眼租下水族馆附近一家店面，专业经营中国的一些手工艺等小商品，他的小店从开张就吸引了无数游客前往购买，从早忙到晚，几乎都没时间休息，生意一度火爆到令人羡慕。天有不测风云，后来观光船迁移了地址，小店也因为失去了优势，没了前来观光的游客而衰落下去。赵昌琴虽然取得了创业的成功，为自己重重在商海里捞足了资本。可他一直坚持以人为本，视员工为亲人，随和地对待每一个人。

小店没落后，赵昌琴又利用自身伴着大海的地理优势，采取了新的商业策略，他认为这个沿海地区，凭借便利的交通，一定会很快发展起来，于是他采取了买店面然后出租给华人的策略。一方面令来这里经商的华人同胞得到店面经商，另一方面他也从租金中得到了收入。也就是他所信奉的“与人方便，自己方便”，他是这样想的，也是这样做的，他以良好的心态对待每一位来此安家创业的华人，从来不担心被人抢掉自己的生意，良好的心态超出常人。也正因为他的为人，他为大家所做的一切，这样一个从不参与会务、从不争名夺利的人被大家推举为会长，就是因为他对前来求助的人有求必应，踏踏实实，一步一个脚印，不耍滑头和一贯助人的作风，赢得了所有华侨对他的一致支持。

来热那亚这个地方的华人其实并不多，而且也不集中，各自分散在热那亚三十公里长的海岸线上，真正出门做生意的人很少，要把大家组织起来可想而知并非易事。赵昌琴帅领的意大利热那亚（利古里亚大区）华侨华人工商联谊会也是当地唯一的侨团。身在其位的赵昌琴走马上任后，说干就干，为华人尽心尽力服务，投入了许多精力和财力，关心每一位华侨的生意情况，资助华侨留学生，并且还主动为华侨的利益与使领馆和意大利政府部门之间进行沟通。他带头与当地居民处理好邻里关系，积极参加社会各项公益活动，融入主流社会，与此同时他也跟国内的侨务部门时常联络。他曾受邀参加2008年温州人大会，后来还多次参加侨办为提高华人侨领素质举办的首期温籍海外中青年侨领研习班。因为他的努力、上进以及为华侨们所做的一切，他又担任了浙江省瑞安市海外华侨华人交流协会副会长、意大利热那亚学生学者联谊会名誉主席和欧联时报名誉社长。带着这许许多多的荣誉与职位，他总是默默为大家付出，希望对得起大家对他的信任，他从来都不放松自己的工作。赵昌琴以自身为榜样，以身作则，在这样做的同时，也这样对所有的侨胞们发出以下呼吁：赚到钱后一定要回馈社会！当年哥伦布经过流浪航海，幸运地发现美洲大陆，开辟了美洲历史的新纪元；而就在这位伟大航海家的故乡，赵昌琴流浪的脚步从此驻足，兢兢业业在这里努力十几年，为自己也为华侨们开发了一片“新大陆”，带领着大家在此辛勤地耕耘、快乐地收获。

■致富金钥匙

怀着远大的志向与抱负，幸运走进中国第一批万元户的队伍行列里，却并不满足，几经流浪，几经波折，终于在异乡他国找到了一处可以发展之地。踏实、诚信、本份、勤奋都是伴着赵昌琴走向成功创业的优秀品质。从他的故事里，从他的创业经历里，我们又读懂了什么呢?

1. 取得小小胜利，小小成功不可盲目自大，自以为了不起，而是应该选择走向更高，迈向更远。

2. 没有一帆风顺的创业大道，只有不断从挫折中汲取教训，不断总结才能获得前进的力量与更贴近成功的秘诀。创业的道路，因时而变，因人而异，想成功一定要自己去尝试，去努力。

3. 勤奋、踏实，经得起波折可以说是创业者必备的心理素质。

致富名言

心有多大，舞台就有多大。

——中央电视台广告

李彦涛☞与政府谈生意的八零后

■创业人：李彦涛→净水机起家

80 后大专生李彦涛，白手起家开始创业，一路走来没有动用过父母一分钱。他于 2007 年开始创建属于自己的公司、2008 年购买了属于自己的第一套房、2009 年为自己买了一辆车。而现如今，他又跟政府谈成了一笔一百万的交易。

■创业历程

2005 年，李彦涛毕业于烟台电子商务专科，大学专科毕业后他被学校安排到银行工作。上班刚刚三天，他便在父母不解又不满声中结束了这个许多大学生都梦寐以求的白领职业。他不愿多说，显然不想令父母失望，可他更多的是希望通过自己的努力开创一番属于自己的事业。

2006年，李彦涛在西南河路上创建了属于自己的第一间店铺，专业经营医疗器械。由于他的本钱并不多，刚开始他只是找到一个厂家作了代理。对于所经营项目的专业知识学习，他也是非常重视的，只要哪里有医疗保健行业的招商洽谈会，不论免费还是自费，他都会尽量参加。对于市场拓展方面的知识充电，他同样毫不吝啬，曾经花3000元钱到北京听某著名营销大师的讲座。为了省钱充电学习，他甚至连吃饭的钱也没有，只能靠喝白水吃馒头充饥。

李彦涛的种种行为，在同行与朋友的眼里就是一个十足的另类。他从不在乎他人怎么看待自己。他胸中自有韬略。随着见识的增加，市场上走南闯北接触面的扩大，他开始明白并了解到现在他所经营的医疗器械和保健品所针对的消费群体多是中老年人，这样一来市场就容易饱合。他迅速调整经营的方针以及营销策略，将眼光瞄准了净水机市场，这个他认为所有人，甚至包括普通大众都离不开的商品。

一年后，他又在开发区长江路租了写字楼，正式成为一品牌净水机的全国总代理。面对市场上激烈的竞争，许多代理商为了追求利润，产品价格被定得越来越高，而饱学市场营销推广的李彦涛此时却反其道而行之，他不但没有抬高产品的价格，还定出一条让消费者免费试用，如果效果满意才决定是否购买的规定。另外消费者如果想用本产品，但又担心买后出现问题，他们还可以租用。他的每一步做法，都切实站在消费者的立场，也大大提升了其产品在市场中的活力，深受广大消费者喜爱，自己也获得薄利多销的效果。

在对待员工方面，李彦涛也有自己的一套，他非常注重员工的潜力与创业潜质，他的经营理念是让员工打“活”工，而非打“死”工。正是因为他对员工的理解与随和，又极大程度上增强了这个年轻团队的凝聚力和向心力，令其在市场竞争中更具优势。

■致富金钥匙

李彦涛放弃了令人羡慕与嫉妒的银行白领工作不做，而接受了挑战自我的创业之路，他抱着一定要干出一番事业的心态，懵懵懂懂走上了创业的道路。令他走向成功的因素有哪些呢？我们一起来分析一下：

1. 他有着创业者应有的魄力与干劲，有得必有失，有舍才有得，想要创业，就等于选择了艰辛，而放弃了稳定。

2. 他有着创业者应有的与时俱进，快速学习，用金钱去购买所需知识的魄力。

3. 将所学到的知识活学活用于创业的过程之中，及时调整经营方针与路线，随时把住时代的脉搏，与时俱进也是令其成功的主要因素之一。

4. 具有设身处地为消费者着想的思想，也具有很强的团队精神。这令他迎得了顾客也迎得了一个凝聚力十分强悍的后备团队。

致富名言

无论是一个企业，还是一个人，都一定是时势造英雄，千万不要英雄造时势。顺流而上，这是手法。形势好了，大家才有机会成为英雄。只有成为英雄后，才有可能去适应时势、改造时势。

——朱骏

朱宏升☞盛极一时的“手工老粗布”

■创业人：朱宏升→粗布家纺起家

25 岁的朱宏升来自商丘，2007 年大学毕业开始从事电视编导工作，也就是他在这份工作中采访时接触到了粗布家纺这个项目。于是他放弃了电视编导这份稳定的工作，开始下海经商，代理了安阳一家家纺粗布产品，一年后，他在郑州连开了两家店面，专业经营传统的“手工老粗布”，随着专业店面经营至今，他不断吸引加盟店，分别于开封、焦作、辉县等地均设立分点。

■创业历程

朱宏升 2007 年市场营销专业毕业，却并没有做相关的工作，他的第一份工作是在省会一家电视媒体从事电视编导工作，工作内容专访省内企业家，听取别人的成功创业故事。

这个没有任何社会经验的大学毕业生，在采访中，他一次又一次被那些创业者们曲折的创业故事所打动。他渐渐明白，每一位成功人士华丽的光环背后都有着许许多多曲折，有些甚至可以称之为凄惨的经历，也正是多次听到这些故事，一次又一次刺激他的大脑，也激发了他的创业激情。在其中一次的创业者故事中，朱宏升听出了“商机”，他开始依葫芦画瓢，有样学样起来，也琢磨着可以找个项目自己好好干出一番事业来。

那是在一次采访中，朱宏升发现在这里有一个项目非常受欢迎，便是这家纺织企业的老粗布产品。据说这种老粗布可以勾起40岁左右的中年人许多儿时的回忆，而对于这些中年人来说，他们已经具备较高的消费能力，用得起，也买得起。朱宏升利用采访的便利机会，除了做好采访节目外，还考察了市场，与企业商议如何打开郑州市场。

在车间，朱宏升看到随着吱扭作响的织布机发出声响，那些条纹均匀、花色鲜艳的粗布便一点一点被织了出来。曾几何时，这种纯靠手工的纺织品在时尚家纺的挑战与冲击下，已经慢慢淡出人们的视野，甚至开始逐渐退出市场。朱宏升在思索着，如果将这些图案、颜色等加入时尚元素就可以重新为老粗布找到发展的一片蓝天。

迅速取得河南市场代理权后，朱宏升立即与厂家进行深度沟通，将想法全盘告诉了厂商，并开始对产品进行改头换面。开发出色彩搭配较为时尚、用途更为广泛的沙发坐垫、桌布、粗布凉席等新产品，经过改造后的老粗布产品已经处处焕发出新的时尚气息。朱宏升在心里有一个愿望，他一直都在想如何把这种改造后的粗布产品做成像罗莱家纺系列用品那样，成为一个特色的家纺品牌。

■致富金钥匙

作为一位刚刚大学毕业的学生，由于工作关系，他的创业热情被大大激发后，迅速投入了实际行动中。可谓近水楼台先得月，于一次采访中找到了自己的灵感。

经过与商家、厂家的协商与合作，迅速打开局面。当然，现在他踩着前人的成功足迹，顺风又顺水，将来，他在发展的过程之中也必将遇到难题，可我们相信，他除了在创业者的成功故事里得到创业激情外，也应该明白创业过程中处理挫折与曲折是必须的。从他的成功故事里，我们可以收获以下几点：

1. 每个人的工作都会接触到形形色色的人，也会遇到各种各样的事，我们都可以从中去寻找适当的创业项目或灵感，甚至寻找创业的最佳合作伙伴。

2. 随着就业压力的增加，刚刚步入社会的年轻创业者，如果找工作艰难，不妨把这股为别人成就事业的热情投入到为自己的事业奋斗的进程中去。在商场上锻炼就得逼着自己迅速成长，适应独自打拼的生存状态，为自己的发展找寻到一条明路。想要做成功者，就要适当逼着自己去努力参与竞争，而不是一味避免竞争。在竞争中学会应对各种复杂的环境，这样创业者才能更快地成为一名合格的商人。

致富名言

我认为世界上有四种壁垒：第一叫制度壁垒，比如中国移动，别人干不了，需要有牌照；第二是资金壁垒，动辄要几百亿美元，一般人干不了；第三是技术壁垒，有专利保护，别人也不能干；第四是稀缺性资源的占有，这就是我这个行业的壁垒，比如说整个写字楼我把它都占了，签了独家的协议，别人就很难干。

——江南春

王亮☞力争做最好奶酪店的八零后

■创业人：王亮→奶酪店起家

几乎做家长的都希望自己的子女有一份稳定的工作，而王亮这位80后大学生，竟然辞掉外企的白领工作不干，回到老家天津开建了一家奶酪店。他的奶酪店产品都是自己研发，一直都是生意兴隆。王亮有一个更高的目标：他想做天津最好的奶酪店。

■创业历程

当别人提及为什么王亮会突然辞职自己创业时，他解释说这个打算不是一时激动，也不是临时的，而是还在学校里读书的时候，经过大学四年的“折腾”，一些小打小闹的创业项目影响，所以一直在寻找一个好项目，好好干一把，工作后才找到开奶酪店的项目。

王亮在大学里是个非常优秀的学生，在学生会担任宣传部长一职。他的荣誉称号可多呢，他被评为优秀学生干部、社会实践先进个人以及辩论赛最佳辩手。令王亮深有感觉的是那些业余时间，他所做的一切。

在大一期末时，大家放假回家，学校里小店把201电话卡全部6折大甩卖。王亮掏出了自己所有的积蓄全部购买了电话卡，他认为开学后电话卡又会按原价出售，而现在打折只是期末薄利多销。暑期一过，新的学期开始，随着新生的入学，学校里的电话卡恰恰如同王亮所预料的那样，又进行原价销售。这时候，他将自己购买的电话卡全部拿出来，以8折、9折出售，不到3天工夫就被学生抢光。

第一次自己小小的举动获得一些小利润后，他开始四处学习经验，大四实习，他去了百度、青岛啤酒实习，后来他被一家美国独资食品企业录取。在那家企业里，他将在学校里学到的东西全都用上了，不到一年，王亮就已经出任销售的大客户管理，月收入可观。随着自己所跟进的那个项目异军突起，一年时间开 200 家分店。王亮那颗封存了许久的心开始蠢蠢欲动。他思量着一份属于自己的事业。

因为所接触、所获得的经验大都来自食品、餐饮方面，他开始在这方面找项目，找途径。他在北京的奶酪店前认真考察这个项目。特意买了计数器，就在人家店门口按单位时间内计算到底每天有多少顾客，一连考察了许多天。最后根据考察来的结果，他决定回到老家天津去开一家这样的店。同时，回到天津第一件事，也是对奶酪店的调研。他发现天津奶酪市场还是空白的，但王亮已经亲眼见证了无数奶酪是受老百姓欢迎的，不可能没有市场，再说自己有能力，也有信心对此进行一些新的研发，想到此，他异常兴奋，毅然辞职，开始将自己的所有精力投入到奶酪店的筹备中去了。

辞职后，他原以为会顺利的开启一间店，可事与愿违，他经历的是一段时期的艰苦流浪生活。因为计划被无情的突如奇来的现实变化所击碎，他住到了地下室。比如，三聚氰胺事件爆发。王亮无奈之下，只得等出个答案才开始创业项目。在这段等待的日子里，他也没闲着，王亮向政府申请了青年创业基金，向朋友们、亲人借了钱，租下了店面，一切准备就绪后，差不多可以开业的前两天，他请到的奶酪制作师傅突然说不来了。

王亮并没有因这许许多多的突变而感到灰心。他发信息给朋友们说开业因故推迟，具体时间另行通知。并且王亮不许朋友们回短信，也不许他们回电话。他干什么去了呢？关上店门，开始自己做起了实验，凭借自己的肯学、在食品公司学来的经验，经过一周多的努力，浪费了七八箱牛奶后，他终于得到了自己满意的味道，开始打开门对外营业。

王亮做出了自己理想中的口味，按他的话说，那是这种奶酪口味："半凝固状的，滑而不腻，浓浓的奶香掺着淡淡酒香，入口甘沁而醇厚。"王亮在大学读的就是食品专业，他开始自己研制起新品种来，他对奶酪双皮奶不断进行改进升级，他说每个地方的人都有每个地方的口味，现在他的小店开在天津，他就要研制出天津人的口味。

好事多磨，小店开起来后，如他意料之中的那样，生意非常好。原来他计划考虑做加盟连锁店的，可开业后他改变了自己的想法，他说最高兴的事是有许多回头客过来告诉他味道非常好。王亮受到大家鼓励，他暗暗下定决心——一定要让雍明奶酪店成为天津最好的奶酪店！

■ 致富金钥匙

一个大学生，毕业后有份稳定令人羡慕的白领工作，并且也一路发展良好。可就在他的事业蒸蒸日上之时，他却看到了创业的商机。在经过一系列的详细调查后，他拿定主意开始创业。经历了几番波折，他亲力亲为地一手把小店开了起来，并且开得红红火火。从王亮创业的故事背后，我们又看到了什么呢？

1. 大学生除了学习，还有一个重要的任务，为了以后的社会生活，进行必要的经验积累，多接触社会，多了解社会，最好是不论家境好坏都利用一切可以利用的条件，积累经验。

2. 在他人的公司工作，做得再好，你也是在帮别人做事业，而不是自己的事业。你需要做的除了把本职工作做到位之外，还需要寻找到进一步提升自我的方式，不要现在拼命赚钱，积累钱，等到自己老了，光有钱没事干那便是一种悲哀。

3. 创业之初每个创业者都会经受这样或那样的打击，即使你所遭遇的很离奇，甚至非本人可以预料，你也要坚持，创业就需要你这份坚持，坚持到底不放弃，成功就属于你。

致富名言

对信念的偏执创造奇迹。历史是这样写就的，竞争版图是这样重划的，世界是这样改变的。

——孙宏斌

王迈☞致力于大学生求职培训的年轻人

■创业人：王迈→培训起家

王迈作为80后，也许是注定他的这一生不容低调，一路走来，他都给人轰轰烈烈的感觉。当走出中学乐队时，他轻松通过高考步入了清华园。进入大学后，他又轻易当了院学生会副主席。可以说王迈一直生活在他人崇拜的目光里。而最令他觉得自豪、觉得自己有价值、有所为的事情是他的创业项目——培训广大大学毕业的学生，令其找到最理想的工作。

■创业历程

王迈自小学习成绩优秀，屡屡获得各种奖项。由于家里原因，出生书香门弟，自小就学习钢琴，才刚刚小学毕业的王迈就已经过了钢琴十级，他曾经在《黄河》中与交响乐团演奏钢琴协奏曲数十场。进入高中后，他锋芒毕露，才气逼人，出色的音乐造诣很快令他拥有了属于自己的摇滚乐队。

王迈的求学路来得很顺利，高中学业结束，他以优异成绩考入了清华大学经济与管理学院。在清华大学，王迈本科毕业，由于表现突出，成绩优秀，被保送清华大学经管学院读研究生。就在他研究生生涯的第一个暑假里，他顺利取得了一家世界顶级投资银行的“OFFER”的青睐，年薪60万元人民币起。这家世界顶级投资银行出于创造力、头脑灵活度等，总喜欢从清华、北大这样的高级学府里挑选适合的人选。

为了可以进入这样高薪的公司工作，在校园里，成立了一个被称之为“过来人俱乐部”的小团体。表示他们已经通过了第一关，所以被称之为“过来人”。“过来人俱乐部”开张的理念是“经验分享，共同成长”，在这个俱乐部里，先入会，并且已经在投资和咨询公司做到了管理者的师姐师兄们将会帮助这些学弟学妹成员进行职业规划，帮助他们快速成长，之前他们也是这样成长起来的，现在他们也会用心去培训新一代入会的人员，代代相传。

2007年，王迈同另外两个伙伴在与李志文教授的交流中，提及了这个“过来人俱乐部”，教授在赞赏俱乐部的经验模式之后，还说了一句令他们激动、兴奋不已的话：我们不只是面对一个划时代的获利机会，我们也肩负一个社会精英不可推却的社会责任。正是由于这句话，引起了这三个年轻人的无限遐想。他们回去之后，整整讨论了一个晚上，第二天，他们又去找到李教授，说明了他们的初步创业计划。李志文教授当即表示愿意作为天使投资人投资支持他们的创业。但在这之初，王迈已经与那家世界顶级投行在香港的Offer，签约两年，重诚信的他与伙伴们商量再三后，决定先让两个伙伴从事这个项目的创业，自己去荷兰银行工作以履行自己的承诺，两年后回国加入他们继续创业。

2008年，王迈与伙伴收到一家美国著名公司的邀请函，去硅谷讨论一项投资事项。那时候这家公司是闻名世界的专业求职辅导与服务机构，他们想把培训公司开在上海，由于水土不服的原因，找到了王迈等人，并且给他们提出非常丰厚的条件。可最后经过团队的协商，他们最终拒绝了这个几百万的诱惑。

两年的时间内，“过来人”通过网站、活动等为北大、清华学生的就业作出了令人有目共睹的贡献。600多名经过他们培训的学生进入500强企业，上百万名学生得到了他们的就业帮忙。仅仅两年的时间，“过来人”已经成为中国大学生求职第一品牌，“欲知职场事，且问过来人”已经成为大学生求职的第一品牌。

王迈用两年的时间完成自己的承诺后，在家人对他放弃百万年薪工作岗位而投入这个“过来人”团队百思不得其解中，他到底还是回来了。他说，我要做一个有信用的人。带着这份沉甸甸的承诺，他回来了。他放弃的是自己稳定高薪的工作，却给千千万万名大学生的就业带来了福音。

■致富金钥匙

王迈这个优秀的年轻人，无论是在学校里，还是在社会上都能叱诧风云，呼风唤雨般神奇的经历，令许许多多人羡慕甚至崇拜。他为了承诺而去做年薪百万的工作，为了自己的理想，帮助千千万万大学生就业又放弃了百万年薪。他的团队“过来人”的创业成功故事给我们带来了什么呢？

1. 敢作敢为，勇于创新，善于充分利用可以利用的一切资源。很多时候，我们无需要事事去创造，我们只需做到触类旁通，然后来个改良或创新就足以令你脱颖而出。

2. 组建凝聚力强，同心协力的团队是致胜必不可缺的关键所在。

3. 重信用的人，重承诺的人，别人也会尊重他，给他机会。

致富名言

任何时候做任何事，订最好的计划，尽最大的努力，做最坏的准备。

——李想

李佳 ☞ 靠选址而走红的服装小店

■ 创业人：李佳→服装店起家

仅仅怀揣一万元的80后创业者李佳。选择了竞争力最大的服装行业，在短短五年内为自己凝聚了百万身家，并且拥有六家店铺。有别与她人的是，李佳的服装店并不全都是自己一手打理起来的，她的店铺全都是来自别人手中转手的亏损店。那么这个80后的女孩到底使用了什么方法令那些服饰小店扭亏为盈，在服装行业竞争如此激烈的市场中做到脱颖而出的呢？

■ 创业历程

当你走入徐家汇地铁里的商场时，你会发现这里的商铺与其他地方的并没有特别的不一样，还是服装占了主要市场，成为店铺里的主流商品。然而在其他服装店零零落落的情况下，那个店名为："衣物理念"的十余平方米小店铺里，生意却显得格外红火。一位年轻的老板娘在里面忙前忙后地接待店里熙熙攘攘的年轻女孩。这位年轻的老板娘名叫李佳，她除了经营这间小店之外，还是上海其他五家店铺的经营者。故事得从五年前说起：

2000年，李佳也在办公室里工作，过着朝九晚五按部就班的日子。有一次上班途中，她在河南中路地铁站内看到有一间大约3.6平方米的小店由于经营困难，正贴着转让的纸条。李佳家里从来没有人经商，也没人懂得经商，她仅仅凭着自己的兴趣，以想更多的了解这间小店情况的初衷走进了小店。

经过与店主的简单搭讪，李佳了解到铺位租金是1500元每月。她在心里悄悄为自己算了一笔账，自己的工资收入是每月3000元，如果这里店铺没生意，亏掉1500元。那就当工资少拿一半，这个风险还是担当得起的。交完房租，李佳缩减开支，能省就省，自己动手装修，墙壁上全都糊上了英文报纸，还是她自己动手糊上去的。她将省下来的钱全部用来从批发市场拿货。

开店之初，李佳饱尝了创业的艰辛。因为要保证稳定的生活开支来源，她一边上班，一边打理店里的生意。凌晨五点起床去批发市场拿货，然后请阿姨照看，晚上下班后，阿姨下班，她又继续留在服装店里加班卖衣服。

令李佳觉得不可思议的是，自从她转手了这间店以后，可能是出于同龄人的共同眼光，生意却出奇地火爆。在这个狭小的空间内总是人满为患，回头客特别多，有许多还带来不少她们的朋友。一个月下来，她为自己算了一笔账，总营业额6万元，纯利润两万余元。这令她有些庆幸当初的决定。

就在李佳的生意越来越红火之时，公司来了一个突如其来的决定，派遣李佳驻日本工作。这对于一个白领来说无疑是一个学习与提升自己的大好机会，但现在的李佳却已经喜欢上小店这份工作，对此难以割舍。最后她毅然决然地拿定主意，辞职专心经营小店，放弃了本次出国的机会。

这位年轻的老板娘的亲自上阵督战，让小店的生意更上一层楼，小店很快红透河南中路站内，成为那里面的一枝独秀。可看到李佳的店铺产品卖得好，周围的店铺也开始纷纷跟风，购进与她一样的款式。但李佳经营的这段期间，积累了无数的忠实老顾客。小店店面太小，经常挤得水泄不通，许多顾客拿了衣服跑到别人店铺里去试，试过后再回她这里付款。那些店铺的老板眼红得不行，便联名向物业接二连三地投诉。后来，李佳的店铺在这种无可奈何的情况下被强制画上了句号。

工作没了,小店也关了。面临如此突出其来的情况,李佳的情绪跌到了谷底。她有时候想，当初如果去了日本现在应该发展得非常不错。可那必经只是假设，在思考再三后，她开始振作，努力寻找下一个开店的摊位。她在选取店址的时候已经有几份谨慎，很快，李佳就找到了五间这样的店铺，它们的共同特征是：店铺地处轨道交通沿线或者毗邻公交枢纽。这也是李佳第一次开店获得的成功经验，她又将自己的成功心得运用到了这五间店上。

■致富金钥匙

李佳这个一边工作一边创业的白领，由于偶然的机会，凭着自己满腔的热血与兴趣爱好，无意之中转下别人的服装店铺。恰恰因为所选位置的优秀，选货眼光的精准，为她带来了火热的生意。在被竞争对手恶意排挤后，她关了小店走了出来。这一次，她利用自己的成功经验，连转了五间服装店，可谓大胆、气魄与经验为她带来的信心与动力。从她的身上，我们可以学到以下几点：

1. 兴趣是最好的老师，如果付出不是很多，在自己所能承受的范围内，不妨去抓住一个机会试试。失败了，笑笑，没什么。成功了，你的人生也将从此改写。特别是对于那些整天面对枯燥工作的上班一族，这会是一个不错的选择。

2. 勤奋几乎是每一个创业项目走向成功的催生婆。要创业就必须做好吃苦的准备，特别是前期，把创业项目当成是你的孩子，又当爹，又当妈，里里外外都要自己来考虑的劳苦艰辛都是需要自己来承受的。

致富名言

如果大环境小环境都自己去建设的话，我自身的能力、实力不具备。所以当时我们只有一个简单的想法，就是我把自己有限的资本或者力量聚焦到一个核心——如何去塑造品牌，把相关的交给社会来完成。

——周成建

梁超☞新型方式推销限量商品

■创业人：梁超→限量品起家

一位外貌帅气、时尚的年轻小伙似乎年龄比外表还要显得更年轻，可此时这位80后的大男孩子已经是《YOHO! 潮流志》杂志以及YOHO网站的创建人。这位年轻老板创建的首个国内网上“年轻人的城市”，如今注册人数达450多万人，主力群体是来自国内大江南北的18～28岁的“时尚达人”。

■创业历程

22岁的梁超大学毕业后，在南京电视台找到一份做记者的工作。主要是做一些本土的花费成本较少的新闻类节目，当台里正计划提拔他当制片人的时候，这个年轻小伙却辞了职。尽管身边的朋友都觉得不解，认为他肯定会后悔，可他自己心里清楚，也明白自己想要的是什么，他想拥有自己的事业，而不是做这份没挑战性的工作。

经过调查后，梁超发现国内正式出版的杂志都是针对那些消费能力强的白领一族，而针对年轻人的却极少。他在心里计划着“潮流杂志”的创意。他认为在18～28这个年龄段的大学生或正在学校就读的学生以及初入社会的人群，大家求新变异，充满想象与行动力，也是创造潮流时尚的一族。说来就来说走就走，这将会是一个有待开发的巨大市场，他就想自己可以做一个媒体来满足这个人群。”

2005年底，梁超开始行动，主动出击，寻找杂志社合作。为了得到足够的创业资金，他卖掉了家人帮他买的一套房子，他将卖房得来的50多万元全部投入到了杂志中。将杂志命名为:《YOHO! 潮流志》，作为对杂志的支持，他请人同时开通了YOHO网站。

杂志刚刚创办之初，知名度不高，再说他针对的群体又是一个创时代的新群体，杂志做了半年，就出现资金周转不灵的现象。为了获得资金，他不断去追欠款，也不断向亲朋好友们借钱，并且四处奔波，不停地参加创业赛、项目秀，希望获得风投机构的支持。很快，终于有一个风投机构了解了他的创业项目后，愿意给他们投资。

在经营过程中，许多读者、设计师与销售员向梁超反映，他们很喜欢这套杂志，也喜欢他的网站，如果直接通过网站购买那就更方便了。梁超听取了他们的建议，“有货”商城，这个以年轻群体为主的网站为他的杂志销售带来了意想不到的收获。网站发展了一年多，YOHO.CN 网站已经成为全国对年轻人影响力最大、号召力最强的媒体平台之一。有别于其他网站的是，大多针对年轻人的网购平台都是把购买对像放在女孩身上，而 YOHO.CN 网站介绍的时尚商品却偏重男性，他们的消费者男女比例为 8∶2。

“有货”网站为梁超带来许多“粉丝”后，梁超又推出了个人空间、交友联谊等许多广受网友们欢迎的项目，并且设置了在他们网站参加活动就可以拿到虚拟的钱币功能，并且挣到足够的虚拟钱币时就可以在他们网站购物，有些人一年下来可以兑换好几百种商品。

梁超的杂志与网站都已经渐渐走向稳定，他下一步的计划重点是在手机上做文章，他认为通过手机购物即方便又快捷，迟早将会成为又一个新兴购物方式。他已经瞄准了这个方向，准备大力进军。

■致富金钥匙

作为年轻、时尚一族的代表人之一，又是一个为了更大地实现自己的人生价值而放弃稳定工作走向创业的大男生。梁超以卖房的钱来投资时尚一派年轻人的杂志和网站，如今已经走稳在这条道路上，并且还做得有色有色。从他的成功创业故事里，我们又可以得到什么呢？

1. 创业需要一股干劲与魄力，要有破釜沉舟的勇气，勇于将自己的财力、精力都投入进去，放手一搏。

2. 个人创业，不在于你有多雄厚的家产或多么大的后台，也不在于别人赚得多好。而是要勇于去创新，想别人未能想，做别人尚未做，先于他人一步，创造一个还没有被挖掘却是个替在的市场。

3. 不论准备有多充分，调查有多仔细，创业者有多聪明，只要放手去创业就要做好遭受困难、挫折的心理准备。

4. 推广经营的方式多种多样，企业运营时只有善于不断发现与总结，善于听取他人的建议，勇于花精力去尝试，才有资格取得意想不到的成功。

致富名言

创业之初，我们就在讲守正出奇，所谓守正就是要遵守各项法律法规和政策，70% 要做正，30% 可以变通。

——冯仑

王威 ☞ 三年在 IT 行业中积累三千万

■ 创业人：王威 → IT 起家

似乎 80 后的人，出生于这个追求个性价值的时代，也更有着创业的激情。王威也是创业大流中的一员，大三时，他便制作了岛城首个三维地图、奥帆赛 3D 导航系统、奥帆委目标预演系统，另外他还拿到并完成了与上海世博会的合作项目。发展至今，这位 80 后的年轻人已经有三年的创业历程，在 IT 行业经过三年的打拼，现在他已经是资产千万的企业老总。

■ 创业历程

王威踏入大学校园后，不到半年时间，就发现大学生在学校里普遍的做法便是上网、打游戏浪费时间，要么就是醉入爱河中，每天花前月下的虚度光阴。王威觉得这样的大学生活实在很没意思，他曾经多次想到了退学创业。当王威把自己的想法告诉父亲时，这位开明的父亲对于他的想法与决定给予了理解和支持，同时也告诉他创业会很艰难，这样退出学校，他将会面临来自亲朋好友许多异样的目光以及许多风言风语的讽刺。

经过与父亲详细讨论，他们达成了一致意见。王威需要完成四六级英语考试、以及修满所有科目的学分。在此前提下他可以任意学习自己感兴趣的一切东西，也可以创业。得到父亲的大赦，王威开始了大胆的学习，四处游走，增长自己的阅历。上海、西藏、香港、澳门、深圳等许多地方都留下了他的足迹。他开始不断研究新鲜的自己感兴趣的东西。刚好那年有学分制下来，他赶上了，经过努力学习，他在大三的时候就已经修够学分，成功获得学位证书。

王威同样有着80后年轻人的特质——敢想敢干。他认为任何一件非常规的事情，除了有风险之外也会为他带来各种机遇。他选择了将软件公司建在青岛，取名为：威诺尔，名字为"win-ner"之音。将公司开在青岛除了他本身对这里熟悉外，更重要的是他认为将在这里举行的奥帆赛会给他许多机会。事实证明与奥帆委的合作项目让威诺尔和王威得到了快速成长。

王威除了为更多机遇赌一把的豪气与胆识之外，更难得的是他也兼备同时代人的敏感和细心，因为没有过多的经历，年龄太小，与人接触谈项目时，他从来不轻易向他人透露自己这方面的情况。他明白许多人都认为年轻人没有经验也不够稳妥，弄不好就会因为年龄方面的原因，令他失去很多机会，原本能做成的事情也可能会遭到怀疑。所以在这方面，他尽量保持低调。

王威很快发展成资产千万的企业老总，在外人眼中，他的一切努力与成长都是顺风顺水的。而只有他自己知道，并且在创业之初他就已经做好了思想准备，想创业，就要有承受苦与痛的好心态，"痛并快乐着"，这张积极的笑脸背后所承受的苦与痛却只有王威自己能够体会到。

很难想象这位80后居然是一家软件开发公司的老总，与人交流时王威言语之间透露出来的却是睿智以及久经沙场才具备的深谙世事，这令人不得不信也不得不服。许多人都认为IT行业是高新技术，而王威却认为今天的IT行业，在于谁的解决方案更精细、服务更精细，谁就更有竞争力。

■致富金钥匙

其实许多大学生也如同王威一般，有着很大的理想与抱负，很想早一刻步入社会大展拳脚。而王威以先行之势，为大家做出了榜样，书写了他的成功创业故事。读完他的故事，我们又能收获些什么呢？

1. 创业之初，一定要做好吃苦的准备，不要抱着一种自己也许会顺利一些的幻想。不论你挑选的项目有多好，你有多少拥护者，你有多少创业资金，准备吃苦都是创业者所必须准备的一种思想，一种心态。

2. 创业者自身的阅历、经验、知识，都需要靠自己想方设法去提升。至少要保障自己有了这些基础，才能为创业带来多一成胜算。

3. 所选的创业项目，一定要有别于他人，有别于市场，能够有绝对的优势，找准某一突破口，一击即中。

致富名言

孙正义跟我有同一个观点，一个方案是一流的 Idea 加三流的实施；另外一个方案，一流的实施，三流的 Idea，哪个好？我们俩同时选择一流的实施，三流的 Idea。

——马云

傅磊、王徵杰 ☞ 爱情故事里赚取第一桶金

■ 创业人：傅磊、王徵杰→爱情故事起家

傅磊因工作的原因接触了为名人拍爱情故事这个节目，他将这个创意用于普通大众身上。为了把握这个商机，他找到了同窗旧友王徵杰，两人双双毕业后，就组织在一起开始了他们的创业之旅。

■ 创业历程

傅磊与王徵杰两位创业者分别都是 2009 届毕业生，只是他们在大学里就读

着不同的专业。傅磊就读大二之时，凭着优秀的学业成绩，就已经被安排参与凤凰卫视的一档节目制作。这个节目的内容是帮文艺界一些知名人士拍摄其年轻时的爱情故事。当傅磊完成自己的任务，帮台湾知名作家刘墉完成制作这部爱情纪录片后，他开始思考一个问题：名人可以拍出那么唯美的片子，那我可不可以专业帮忙普通人记录他们的爱情故事呢？

经过一番思考，他去找了同窗好友王徵杰，他们决定为了实现自己的梦想，先从为新人拍摄爱情DV开始，赚到钱后就专业书写普通人的故事。2008年的8月，傅王穿着整齐，沿着漫长的淮海路，冒着近40℃的高温，艰辛地“扫街”推销了一圈，却没有找到一家愿意与他们合作的影楼。

大家并没有放弃，努力宣传与争取，后来有位朋友介绍了一对想拍DV的新人给他们。这来之不易的第一单生意给了他们一些希望，与客户交流后，就连夜赶写了剧本，并在和客户沟通好之后，约在了一处风景秀丽的公园拍摄。可偏偏天公不作美，片子拍了一半，突然下起了大雨。客户、剧组人员乱成一片，正在大家不知如何是好的情况下，傅磊大胆决定并寻问客户是否愿意将外景改为内景，重新改写剧本。最终征得了客户的同意，最终他们也并没有让大家失望，片子拍得令客户非常满意。

一边读书，一边拍片的傅磊在这段期间已经为很多人拍摄过短片。而这两位主角傅磊和王徵杰马上就要从学校里毕业了。许多公司向他们发出邀请，原本他是希望可以先在公司工作十年，积累了足够的阅历与人生经验之后才创业，但现在机遇好，而他们的所有队员又都希望可以建立自己的公司。于是他们拒绝了事业单位的工作，毅然走上了创业的大道。

他们现在开始去实现自己理想的第二步：根据普通客户的爱情经历编写只属于他们的爱情故事剧本，然后邀请他们为男女主角拍摄制作成爱情DV，DV里记录客户从相识到相恋，相知，最后步入婚姻殿堂的整个过程。这个想法令他们自己觉得激动，也令客户觉得兴奋。

当刚刚结婚的张先生与妻子看完合拍的爱情纪录片时，他们惊喜地感叹：“我又找到恋爱时的感觉了！”这让创业的主角难以抑制内心激动。顾客满心欢喜的样子，令傅磊和他的团队都感到无比欣慰。傅磊觉得这便是他人生需要去做的事，即可以赚到钱，又可以给予客户快乐与满足，还能给予自己成就感。

■致富金钥匙

傅磊在学校兼职时看到了商机，一个创业的机遇。于是他打破了人生原本计划先工作十年再创业的规划，而是毕业后拒绝事业单位邀请，直接走向了创业大军队伍。从他的故事里，我们又可以学到些什么呢？

1. 创业的机遇在于平时的发现，如果你看到了机遇就好好把握，争取相关条件去实践。如果自身单打独斗不足以完成，你可以去寻找合适的伙伴。

2. 那些有意义的，可以给人带来快乐与笑声的事情，往往更可以给创业者带来无尽的满足与安慰，也更能给他们信心与动力。

3. 一个同心协力，方向一致的团队，是创业成功的另一个因素。

致富名言

这件事让我学习到两点：一是要简化，当市场不好时，复杂化是没有任何意义也不会起任何作用的，一切都要简化，简化流程、架构等；二是一定要专注、聚焦，在优先排序时，只选择一两件最重要的事情，其他的都放弃。

——何褒罗

陆居权☞靠兼职做“猎头”发家的大学生

■创业人：陆居权→猎头起家

由原本比较富裕的家境，到父亲因病用尽家里积蓄，陆居权被逼进行自主创业，积累资金。他从网上找到了猎头这个机会，并大胆把握，最终走向了致富路。

■创业历程

陆居权一家三兄弟，住在深山，但凭着父亲在江苏的木材加工厂不错收入，他的家境还算比较殷实，一家人过得也挺幸福。农民出身的父亲自己没读过什么书，但对陆居权弟兄三人的培养却很重视，光读小学，他就换了三个学校，从农村转到乡里，再转到城里。

陆居权的两个哥哥不负父亲所望，先后考上了大学，但他却远远落后，虽然身为学生会主席，组织活动的时候非常活跃，但一到考试时便没了底。最后参加高考，名落孙山。看着那些玩得要好的同学纷纷考上了清华、北大等名校。他开始暗下决心，一定要考上大学。他留在了学校复读。

2005年就在陆居权复读高考时，父亲却被查出患肝硬化晚期。看着作为家里顶梁柱的父亲日渐消瘦的脸，他很想努力，却怎么也静不下心来。高考结束后，他们兄弟三人火速将父亲送到长沙最好的医院进行救治。虽然每天陪在父亲身边，可望着病入膏肓的父亲，他心急如焚，整天思索着如何挽救父亲的生命。

也许是天可怜见，那天，陆居权居然在医院过道里听医生说起“肝移植”。他突然来了灵感，想到要给父亲换一个健康的肝脏。他悄悄在附近的网吧里查找更多相关“肝移植”的信息。经过努力，他查寻到，天津一家医院是亚洲规模最大的器官移植中心。他迅速与天津方面取得联系并把父亲的病历传真过去，医院也迅速作出反馈：病人如果不做肝移植手术，就活不了多久。

为了抓住这最后一棵救命稻草，他们迅速将父亲送往天津，最终通过肝移植手术，他们的父亲重获新生。这次的手术也耗尽了家里的十万元积蓄，并且父亲还要留院观察度过术后排异期。19岁的他虽然接到了大学的录取通知书，但却放弃了自己的梦想，他决定走向社会，为家庭分担忧愁。二哥去上大学，大哥回家帮着打理木材厂，他没有学历，又没有一技之长，每天在网上寻找是否有赚钱的门路。偶然的机会，他看到网上有一则这样的信息：惠州一家工程监理公司需要国家注册结构工程师，并且请人帮忙招募。他脑袋瓜子迅速转动，他想到帮别人招工，并不需要自己花任何本钱，又不用什么技术，也许这是自己值得一试的财路，为什么不尝试一下呢？他马上联系惠州那家工程监理公司，这次接听电话的恰好是公司老板吕总。

当吕总得知他的情况以及他家里的遭遇后，表示非常同情，也愿意给他一个机会。详细给他介绍了通常的操作手法，还寄来大量的专业书。吕总并同意他以其公司总经理助理的名义，去招募需要的结构工程师。陆居权收到书本后，恶补了建筑方面的知识，他想以更专业的面貌出现在大家面前，不仅仅是读完了吕总发来的资料，他还在网上搜索了许多关于建筑方面的信息以及所有相关最新政策。他四处发招募结构工程师的帖子，经常一忙就到凌晨两点。没过多久，就有一名吉林的结构工程师跟他联系并且希望面谈。

喜出望外的陆居权立马将这个好消息告诉了吕总。而吕总本次决定从深圳乘飞机到天津见他。哥哥知道此事后，非常生气，责怪他把骗子引到了自己家里。最后，哥哥还是不放心，决定陪他一起去酒店见这位吕总。这位吕总并非哥哥所说的坏人，并且很爽快给了陆居权3000元钱作“跑路费”，安排他去吉林找这个结构工程师谈，此次他还带来了一份书面证明，证明他是其公司总经理助理，还特意为他印了一盒总经理助理头衔的名片。待他到达吉林后，吕总立马又给他汇了2000元，作为住宾馆的费用。他舍不得住那么贵的酒店，偷偷住进了20元一晚的招待所。很多时候还因为跑到网吧查资料，一夜都在网吧度过。

没过几天，这位提出面试的吉林结构工程师就已经顺利“转会”到了吕总公司旗下。这次吕总又给陆居权打了2000元钱作为奖励。这也是他在这行赚到的第一桶金。有了本次的经历，他似乎摸到了门道，当月就顺利为吕总成功物色到三个工程师。拿到的佣金，再加上自己节省的差旅费，他做猎头第一个月的收入就达到了一万元。

后来,他索性专职当起了一名专职的地下“猎头”员,专职做一位猎头中介,为了感谢吕总把他领进门,逢年过节他都会打去电话,并且寄去一些家乡的特产。

2006年,陆居权出差北京的时候,与曾经考上清华、北大的老同学相聚一团。他开始感到有点失落，并且对大学生活充满了憧憬和向往。他将自己想读大学，重新当一名学生的想法告诉了已经出院回家修养的父亲。父亲十分高兴也十分赞同他的想法。春节开始，他一边复习一边还在兼顾着业务，经常看书到深夜才休息。

2006年，陆居权参加了高考，考完他又去跑业务了，等他回来时，他才发现自己梦寐以求的大学录取通知书。上了大学后，尽管业务非常繁忙，可他十分珍惜这来之不易的学习机会，总是抓紧时间学习。

同学们总看到陆居权忙忙碌碌的身影，出差是家常便饭。周末没事在学校的时候，他总是在电脑前一坐就是一整天，甚至连饭都是同学帮忙带回来，没有时间下去吃。但他与同学的关系处理得相当不错，每逢出差，他都会与同学打招呼，也从不在他人面前过多说自己的丰功伟绩，待人亲切，为人低调。

陆居权还在学校里召集了一些经济条件不太好的同学，他手把手教这些学生，一起在公司里面做起了兼职。后来为了方便出差时去机场，他花了20多万元买了辆丰田凯美瑞轿车。他自己从不开车，也不在同学面前出现，只是让司机送到机场就可以了。

陆居权经常要出差，他总是在全国各地飞来飞去，大部分的课程都得靠他自学。后来他在上海成立了自己的地下“猎头”公司，变成了名正言顺的“猎头”。发展至今他的公司在武汉、苏州、深圳等地都设立了分部，业务量比自己单干时翻了几番。

■致富金钥匙

陆居权学业上经过了三次的高考，家里由富变贫，再由他东山再起，大起大落成就了他的成功创业故事。从他的身上我们又可以收获些什么呢?

1. 擅于挖掘并把握机遇，吕总的信息在很多人的眼中都一闪而过，而陆居权却紧紧把握住了。并且打去了电话，成功抓住了这些创业的机会。

2. 勤奋、肯吃苦再加上他的坚持，为了一份不确定的工作，他拼了全力去实行，努力学习相关的专业知识，以专业的形象出现，所以才能以“猎头”的身份招到一个又一个的兵，从而得到丰厚的佣金。

3. 低调处理，高调做人，与人相处融洽。

致富名言

我们有什么？我们要什么？我们能够牺牲什么？

——王岐山

阎海、阎峰 ☞ 碎牛皮成功树“品牌”

■ 创业人：阎海、阎峰→碎牛皮起家

上海有一条不过百余米长然而知名度却很高的绍兴路。在过去，这条绍兴路因大半出版社云集于此而闻名。近年来，这条绍兴路因艺术家尔冬强的汉源书店而被世人所知。而眼下则是清华毕业的两位搞艺术的阎海、阎峰兄弟在这条绍兴路上开了间皮革制品店，不少老外和白领来这里都几乎是冲着小店。

■ 创业历程

创业人群无处不在，这里又有两位，他们是亲兄弟。32岁的哥哥叫阎海，25岁的弟弟叫阎峰，阎氏兄弟两人均毕业于清华大学美术学院装潢艺术设计专业。也许是天作之合，哥哥虽然长弟弟好些岁，可他花了四年的时间才得已踏进美院大门，而弟弟则是一举中的，在学校里兄弟俩只相差一个年级。清华大学美术学院的毕业生都是社会所急需的人才，为什么他们毕业后不去用人单位找一位稳稳当当的高薪工作，而是想到要自己来开店创业呢？故事得从头说起：

阎氏兄弟的父亲是个生意人，也一直靠这份老本行维持着兄弟二人的学费、生活费。父亲主要是做一些简单的配件生意，如：打气筒汽缸里所需的皮碗、皮座垫、皮凉席等。操作原理很简单，就是从生牛皮糅成熟皮再加工成产品。面对这些不起眼的碎牛皮，兄弟二人却凭着学校里带来的对美的感知，以美术家的眼光从那些不起眼的碎牛皮中发现了价值。用他们的话说："美不在于存在而在于发现，每一块皮都是有生命，有个性的。"

兄弟二人还在学校就读的时候，只要逢寒暑假回到老家，他们就把学校里所学到的知识，灵活的利用那些碎牛料来发挥，大做文章。他们用皮做成各种各样别致、个性的小东西，回京后就找到秀水东街市场的老板给代销，令人没有想到的是这些小玩艺儿的销路出人意料的好。兄弟俩大受鼓舞，但一时半会并没找着如何放手去做出一番事业。哥哥先从学校毕业，毕业后顺利地在广州一家房地产公司找到了策划总监的工作，由于他表现不错，公司承诺三年后给他一套住房。可他并没有被这个诱人的职位绑住，他认为房地产公司的工作束缚了他生命里的灵感，他不愿去为了工作而工作，也讨厌如此的一次又一次往公司设定的框架内设置自己的想法和做法。经过再三思量，他决定离开公司，辞职去做一个臭皮匠，他认为在那里他所有艺术的灵感才能得已充分发挥。刚好这个时候，弟弟也从美术学院毕业，他的想法与哥哥的不谋而合，为了自身的理想与目标，为了令所学所长得已充分体现，就在一起的同学们还在考虑何去何从的时候，他们把目光投向了河北廊坊。主要原因是那里离京近，房租又便宜。说干就干，好不容易兄弟俩筹集了一万多元把皮革小作坊开了起来，可因为光有满腔热血，没有实际操作经验，小作坊很快便倒闭了。恰恰此时，有一位上海的朋友过来看他们，得知他们的创业情况后，极力建议兄弟俩去上海试试。兄弟俩接受了他的建议，收拾了东西来到上海。但上海对于他们来说也是陌生的，汲取了上次的经验教训，他们认为对市场没有底的情况下，最保险的做法是先找好稳定的代销商。可他们跑了许多间店，可那些店老板大多不是太欣赏他们的货，认为与精致的名牌比较显得有些粗糙，销路不一定会好。上海毕竟是个"海"，他们继续寻找机会的时候，人民广场地下的香港名店街的"第六感空间"认可了他们的产品。当产品摆出来销售时，那些个性、特色的东西，很快吸引了许多老外与白领。

这一举让兄弟俩终于看到了曙光，他们认为仅仅只是让人代销，自己辛辛苦苦的成果，与人分成后，只得20%～30%的利润实在太低。而此时他们认为在上海开间店是可行的。接下来，他们开始寻找合适的开店地址，最后就在上海绍兴路发现了一个月租金一千多元，面积大小合适，而且对面就是中外闻名的汉源书店的门面。他们认为有不少游客会翻着各种版本的“自助游”找到这里，其中一定会有不少眼光独到的顾客。想到这里，他们便把门面租了下来。门面的装修与设计，全是自己动手，加入自己的创意，仅仅花了五六百元钱。他们为小店取了个名字叫“树”，他们认为大家可以由树联到回归自然，可以想到欣欣向荣、蓬勃发展，可以想到给人保护、予人阴凉，可以想到树下还有许多许多的故事……其实设计原理十分简单，而富有创意，首先他们注重了店的招牌，在沿街的住户天井上盖了一个棚。将大大的宋体“树”字贴在透明的有机玻璃上，在“树”字的两旁还插着三三两两的枯枝，挂在门楣上，而在小店门口是一个皮匠用的大木墩，几块碎牛皮很随意摆放在上面。

走进“树”的小店内，店面其实很小，大约只有6平方米，可店内的设计却很雅致，全是根据兄弟俩自己的艺术审美观来打造的。黑白灰三色刷着龙飞凤舞的抽象图案装饰着屋顶和三面墙，而形式各异的皮包、皮带、皮票、皮相架等高高低低地挂在上面，看上去很休闲也很随意。橙黄色的灯光通过用铁皮卷成的灯罩投射在这些杂乱无章的东西上，别有一番乡村野趣。

“树”开张那天下起了雨，却依旧没有妨碍到他们做生意。第一天做成了两单生意。一单是出版社工作人员订制了一个皮包，另一单是一个路过的外国人买走了一条皮带。店里的每一件产品都是两兄弟自己设计、裁剪和缝制的，款式各不一样，没有一件式样重复的，老外连呼“原创”，并且价格实惠，倍受顾客称赞。上海时尚小报将他们的产品摆了上去，作了一番免费的宣传后，“树”在时尚男生的圈子里影响力也越来越大，生意越来越旺。至于产品价格定位，兄弟俩认为价格主要是由：材料、制作工艺、创意设计和房租、税金等几部分组成，他们认为顾客最欣赏即他们最大的卖点在于设计理念。这也是学以致用，父亲当初卖皮是靠劳动力赚钱，而现在他们卖皮是靠知识赚钱。

“树”这个小店开张才两个月，但销售额已经近3万元了。兄弟俩将自己的时间都用于创意，艺术方面的构思与设想，而将车缝那些工序交给了请来的人做。兄弟俩轮流到绍兴路守店，经营时间从上午10点到晚上10点。谈到未来的发展方向，他们想借助网络的优势，将“树”这个品牌推向全国，乃至全世界。

■致富金钥匙

阎氏兄弟利用最熟悉的产品——父亲一直经营，学生时代便有所接触的碎牛皮，利用自己的专业知识——清华大学美术学院毕业，利用自己的兴趣——给予灵感自由发挥的空间，由没经验、失败到汲取经验，从市场入手，最后取得创业成功的故事将给我们创业者带来如下启迪：

1. 做你最熟悉的。
2. 做你最擅长的。
3. 做你最感兴趣的。
4. 不要害怕失败，汲取教训，不放弃就能成功。

致富名言

要敢于面对自己的缺点，不断改进才能不断提升。

——郭广昌

王丽媛☞"表情王"兔斯基

■创业人：王丽媛→"兔斯基"起家

一次不经意的举动，在心情不好时王丽媛随手画了一只简单的兔子形象。而又在比赛多次失败后，她想到了将兔子做成falsh，这让活泼可爱的兔斯基形像更加逼真、形象。如此，她的随手一笔已经不仅仅是作为MSN表情符号的兔子，并且因为广受大众喜爱而获得了巨大的商业价值，可以说就是那随手不经意的一笔令王丽媛的人生得以改变。

■创业历程

就在2006年7月底，王丽媛还在博客里描述对于自己的未来她感觉很迷茫。她是中国传媒大学动画系大三的学生，而她的作品每每拿去参加比赛总败下阵来，无法得到大型公司的赏识，只得在一些小型的平面设计公司里兼职赚些生活费。有一次正被胃疼折磨的时候，她随手勾勒了一只兔子，后来她给自己的作品命名为"兔斯基"。

2006年11月，王丽媛想到以这只简单勾勒的兔子为主角，以它的不同动作配以简短人生哲理，并将此认真做成一个系列，名叫"兔斯基"漫画。她在右下角署上了自己的真实姓名：王丽媛。并且拿这套漫画去参加了当时由《爱女生》杂志主办的"闪女生"动漫大赛。结果又如泥牛入海，没了反应。连最后一轮的复赛也没有资格参加，她的作品半路就夭折了。动漫比赛又一次无所斩获，王丽媛这样形容自己："懒惰的无聊的郁闷的神经的我终于决定要做flash"，那一幅幅漫画最终经过她的手，成为一个个的兔斯基动态表情图。

后来，她在博客里为自己起了一个笔名，叫作王卯卯。她将那些兔斯基动态表情图一一发表在自己的博客里。几乎路过她博客的人，第一眼就会喜欢上这种可爱又简单搞怪的兔子。很快，随着网络的传播，QQ和MSN上就布满了兔斯基那夸张的表情，许许多多年轻人都迷上了这只动作搞怪偶尔可爱的兔子。在那个时候，她只是用兔子来玩，根本没有想到一年后，会被手机巨头相中，成为摩托罗拉的第一位虚拟代言人，出现在各大城市的广告牌、公交车上。

许多办公室的职员们，自从弄到了兔斯基的漫画图片。就更加懒得打字了。大家习惯了通过QQ、MSN直接给朋友扔一个兔斯基动画表情过去。她们都非常喜欢这个兔子，也认为动画比文字传神多了，很快兔斯基又被许多国外的朋友喜欢。到了2007年，兔斯基已经成为这一年的“表情王”。而王卯卯的博客日点击量也已经超过4万，她有了很多忠实的拥护者。

大旗网主办的2007年论坛中国影响力盛典上，王丽媛又凭着这个在胃痛时勾画出的兔斯基可爱形象成功打败悠嘻猴和洋葱头等竞争对手获得“年最佳娱乐形象奖”。

当时摩托罗拉恰好正在推出偏重于上网功能的Q8，正在思考如何进行广告推广并挑选合适代言人的时候，负责人——吴华在看到兔斯基的第一眼就认定了这个代言形象。她说一直在寻找的就是一个在网络中受到大家欢迎的形象，而如果是用明星未必会受到如此追捧。兔斯基中选毫无争议，因为它本身画出的形象就带着年轻的气息，个性好玩又可爱搞怪。恰恰与这款Q8手机定位相吻合，更得意的是当时负责广告的摩托罗拉和奥美团队都喜欢兔斯基。就这样，兔斯基的形象代言被确定了下来，兔斯基通过与摩托罗拉这样的大公司合作后，开始真正走向商业化，王丽媛为摩托罗拉Q8画了一整套正在用作此款手机的兔斯基形象，这一举令她获得百万元酬劳。而摩托罗拉公司也对广告十分满意，Q8凭借兔斯基的宣传取得了可喜的销量，而兔斯基的形象也凭借摩托罗拉广告的大力推广在整个亚太区有了惊人的知名度。

另外，随着王丽媛出席的商业活动越来越多，兔斯基的形象也被越来越多的公司所看中，其中还包括有惠普。

摩托罗拉和惠普都相信，凭借这只红透网络世界的兔子就能够迅速拉近他们产品与年轻用户之间的距离。那些撞墙、跳舞、拍砖、冷汗等表情，每一个都能准确地传达当下年轻人的精神状态，它的出现为年轻人的网上聊天增加了更多乐趣。

而中国传媒大学动画学院教师薛燕平对于王丽媛这一路的顺风顺水却表示

为她感到担忧。她认为学生的成功来得太快了，才刚刚起步，20多岁，很容易在利益面前止步不前，失去后续的创造性，那么兔斯基就只能是“一锤子买卖”。而兔斯基这款在网络中走红的角色要走得更远，就应该回到成就了她的网络，当然，找一家靠谱而有实力的公司合作，将兔斯基带入正规的商业市场，就是一条不错的路。

在许多人看好王丽媛的发展时，也有许多关心她的人在担忧。现在她总是为了各种各样的商务活动与培训而飞来飞去，全然没有时间重新拿起画笔。在将来的打算方面，王丽媛始终认为兔斯基只不过是一只自得其乐的兔子，她说了一句很值得大家回味的话：“生活是一种无法抗拒的前进。如果奇迹没有发生，那么就去创造一个。”

■ 致富金钥匙

一次胃痛的经历，无心的勾画出的一只兔子没能令王丽媛赢得画展上的比赛名次，甚至连复赛都没能参加。但是珍珠总会发光的！经过她的修改，她的falsh制作，将兔斯基顽皮、搞怪、可爱而又淘气的形象活灵活现地展示在众人面前。凭着博客的宣传，迅速流入到网络世界里，并且一举走红，在接下来的时光里，兔斯基成就了国际商业化的价值，它成了聊天工具中的表情王，它为主人王丽媛带来了名与利的双丰收。王丽媛的成功对创业者们又有何提示呢？

1. 把握好你的特长，也许你不是第一名，也不是第二名，甚至你根本没有取得过任何名次，可是那也是你的特长。

2. 充分利用网络这个好东西，无论你是平民，还是贵族，在网络中人人平等，在网络中大家都会给予你公正的评价，有本事可以尽量在大家面前展现出来，也许你的伯乐很快就会出现。

3. 不断改进是每一个创业项目成功的源泉和不可或缺的原动力。试想，如果当初只有一个普普通通的胃痛勾画出的兔子形象，谁会欣赏？如果只是一套不会动的漫画组合，这样的产品市场上又有多少？但将它做成动画就不一样了。经过几次的更改，几次的改进，于是才有了后面的一切。

致富名言

回头看我的创业历程，是不断寻找、不断纠正的过程。

——吴锡桑

郑芝兰☞瞄准火车上没座位的站客的烦恼

■创业人：郑芝兰→折叠凳起家

打工嫂郑芝兰在坐火车时饱尝了一路站到终点之苦，同时她也不断听到其他站着的人抱怨，甚至愿意出钱买个座位。这些不满的抱怨也许划过别人的耳旁便轻轻飘了过去，可她却从中看到了无限商机，后来，她靠在火车上出售可折叠小凳子给站客闯出了一条谋生之路。虽说这样不会令她大发一笔财，却也着实赚了一把。

■创业历程

郑芝兰是一位来自四川万源市郊的普通农村妇女，因为家里找不到合适的赚钱门路，生活所迫，她随丈夫一起来到了广东东莞打工。在一次坐火车返乡的时候，因为位置稀缺，她又急着利用那有限的假期回家，于是掏钱买了一张站票。

车厢里能容下人的空隙里都站满了人，过道、车厢连接处和盥洗室到处都是站着的人，人挤人几乎挤得水泄不通，那时候正值天气炎热的八月，车厢内空气令人憋得难受。当时郑芝兰已经站得腰酸腿痛，几乎昏倒在地。看到身边有座位席的乘客，一边吃东西，一边聊天，有些还在玩着牌，她羡慕得不知所以。

当火车开到南昌时，中途上来一位站客，也正是那位站客给了她以后创业的想法。他随身带了一把能够折叠的活动小凳子，上了火车便打开凳子安安稳稳地坐了下来。这个举动引来许多站客的议论与羡慕。大家纷纷说:“如果有人卖条板凳给我坐着，我宁愿出10元钱买一个，也不愿站着活受罪!”正所谓言者无意，听者有心。也许与她一同的站客发表过高见，事情就过去了，可郑芝兰听了后却记在了心里，她大受启发，悄悄在心里盘算着，如果去批发一些小凳子，然后用来卖给火车上没座位的站客，这生意肯定不错!

郑芝兰回到家里，安置好家里的事情后，花100多元钱去批发市场拿了100个塑料小凳又登上了去广东东莞的火车。凳子是重叠在一起的，叠在一起总共才一米高，她用两个蛇皮袋把凳子装好后，放置在两车厢的连接处，每张凳子成本一元，卖四元，这在站客眼里，这么远的路程，是非常划算的。她的凳子刚拿出来，才一亮相就成了抢手货，不到两小时，就卖出去了99个凳子。

当火车到达湖北鄂州时，因为所有凳子已经卖完，她不想就这样放弃这个大好的机会，于是她灵机一动下了车，在车站附近的批发市场又拿了100个小凳子，继而转乘下一趟T126次车前往东莞。故事又重演了，这次拿货的100个小凳子又迅速一抢而空。她留意到车票上写着:五日内到达有效。她又选择在南昌下了车，在附近找到批发市场又拿了100个凳子，改乘下一趟车……四天后，当她到达东莞，把账一算，除了路上花掉的车票费和进货费，四天内净赚了700多元，这足足相当于她当时打工一个月的工资。她暗暗窃喜，也拿定主意不再回公司上班，就做这项买卖。

回到东莞后，郑芝兰把这个想法告诉了老公，老公也表示支持。与她一起干了起来，他们按照这个模式，经营了3个多月，纯利润居然达4万多元。特别是在“十一”黄金周期间，7天假期，他们赚了近1万元。发现此路可行后，郑芝兰还发动亲戚朋友，又开辟了两条线路，居然将在火车上卖折叠凳发展成了“家族生意”。

挣钱的行业，别人看到也眼红，于是大家一窝蜂冲了进来。在同一条线路多出了许多卖折叠凳子的人。这大大影响了郑芝兰他们的收入，一时间，大家士气大跌。在这困难时期，郑芝兰又想出了新的对策。打出“伴你同行”便民服务小组的牌子，她们除了在火车上出售折叠小凳子外，还将产品多样化了，出售晕车药、列车时刻表和报纸等小商品，为旅客排忧解难。卖完凳子他们还免费帮乘务员打扫卫生，给车上的乘客一个好环境，这同时获得了乘客与列车员的好感。因为他们是站票，列车员看到他们尽力帮忙打扫卫生，就给了她们免票乘车的优待。这样，她们获得了竞争对手无法比拟的优势。

发展至今，一直按郑芝兰的对策发展，3 条线路均经营良好，每月夫妇俩可净赚 4 万元左右。

■ 致富金钥匙

一位毫无学历，毫无技术可言的农村妇女，凭借着火车上一些站客的抱怨而想到了在车上对站客出售折叠小凳子的创业路线。在面临竞争的时候，她没有主动放弃，而是利用自己早入行的优势，组织起自己的创业团队，做出许多别人提供不到的服务，从而成功挤倒竞争对手。从郑芝兰的创业故事中，我们的创业者又可以得到什么呢？

1. 多观察，多留意生活中随处可见的细节。
2. 多倾听，多思考他人不经意但却发自内心的抱怨。
3. 多思考，将利润最大化的方式。
4. 面对竞争，不要害怕，也不要急于退缩，机智取胜。

致富名言

想赢两三个回合，赢三年五年，有点智商就行；要想一辈子赢，没有德商绝对不行。

——牛根生

周赏涛☞一分钱菠萝联想到的财富路

■创业人：周赏涛→插纸起家

周赏涛没有点石成金的本事，那是传说中神的法术。但他却有“插纸成金”这个本事。由最初开始的玩具生意上亏本，到靠插纸研究出一条财路的他，一路不断创造，最终发展到了三间店铺一起经营，他又正在筹备第四间店了。

■创业历程

刚开始，大学毕业的周赏涛选择了做玩具生意，可没经验，只是看好这个行业，并没有这个行业的多少真经，结果没赚到钱反而亏了一笔。

“到底什么东西才是大家喜欢的？”周赏涛生意失败后一直在思考这个问题，他希望可以从中寻找到新的商机。就在这山穷水尽疑无路的时刻，他突然想起儿时家里母亲用一分钱纸币叠成的黄澄澄的纸菠萝。先用纸币叠出小三角形，一张纸币叠一个，然后再把叠好的三角形一层一层垒起来。当上百张一分钱黄澄澄的纸币插出一个大菠萝时，那种惊喜、开心他至今还记忆犹新。他思索着是否把儿时那些曾经流行过的东西加以改进，成为另一种广受大家欢迎的商品呢？

有了构思后，周赏涛马上开始行动，当然他不会像儿时那样用一分钱的纸币去插菠萝。而是在那些人见人爱的卡通形象上打主意。他的第一件作品可谓来之不易，周赏涛在家里足足关了一两个星期，废弃的纸三角扔得满地都是。做出成品后，令他自己大失所望，款式太过简单，他觉得难以得到顾客的青睐，于是他又试着把一个个小球粘到一起，变方向组合，没过多久一只可爱的卡通小老虎活泼俏皮地出现了。也正是他花了几周时间完成的小老虎为他带来了第一单生意，接着便是第二单，第三单，生意渐渐好了起来。

在自己的摸索、学习下，周赏涛已经设计出了24种款式新颖的插纸卡通人物。款式简单的要用300多张小纸片折叠组成，而款式复杂的则要用1800多张纸片折叠组成。并且他计划以每个月一款新的卡通人物形象来增加商品的品种。随着商品款式的不断增加，他的生意也不断增加。

后来，周赏涛还想到了，卖自己手工插纸作品的同时，附上图样和小纸片，让顾客也享受自己制作的乐趣。顾客可以照着他提供的图样来完成想要的作品。这个大胆的想法也赢来了大量回头客，许多来小店的顾客都来小店买他的插纸图样，缝年过节，便可以亲自制作一份礼物送给朋友、亲人，既个性独特，又显得情谊深厚。

制作了许久的卡通人物插纸之后，周赏涛又想到了新的点子，他认为如果将作品制作得即美观又实用，那生意一定会更加理想。于是他又陆续开始设计一些小创意家用、工作用的小作品。如：彩色笔筒、杂物天鹅小篮、精致漂亮的相框等等，产品一上市就受到了消费者的追捧，销售额直线上升。

周赏涛的价格制定也非常符合消费者的接受能力，每个插纸成品的售价大约60元至150元之间，而那些提供给顾客自己制作的图样和小纸片每款售价在20元至60元之间。有的时候一天就可以卖出二十多个商品和好几套图样。不到一年时间里,他将小店发展到三家。那间生意最好的店,月入超万,净收入超过8000元。

■致富金钥匙

一个大老爷们——周赏涛凭借着儿时母亲教给他的一种娱乐游戏，经过自己的创新，找到了一条通往财富的大道。从他的身上，创业者们又看到了什么，学到了什么呢?

1. 想到办法的方法就是不要停止思考，不断地想，你就会有某种偶然的机会忽然获得灵感。顺其自然是很难有所感觉的，即使有也是别人成功后，你的一句感叹罢了。

2. 什么东西都可以成金，关键就看你懂不懂借势创新，加入自己的卖点。如果周赏涛只是插菠萝，那我想他怎么也别想插出今天的三间店铺。

3. 任何时候不要想着一步将事情做到位，特别是创业。有了好点子，行动之后还不行，别忙着撒手扔掉再换一个，你可以静下来思考，怎样改进才可以有卖点呢？多思考，不断创意改进才有出路。而不是不断寻找，直到找到一条笔直大道。财富的大道大多都是曲折的，创业者需要有这方面的思想准备。

致富名言

压力是躲不掉的。一个企业家要耐得住寂寞，经得住诱惑，还要顶得住压力，忍得住冤枉，外练一层皮，内练一口气，这很重要。武林高手比的是经历了多少磨难，而不是取得过多少成功。

——马云

程麦☞辞去好工作跑去开网店的大学生

■ 创业人：程麦→网店起家

程麦辞去一份许多大学生都梦寐以求的 IBM 公司的工作，走向网上开店，并且一举取得年营业额 1200 万元的好成绩，如今不满现状的她已经将实体店开到了韩国。

■ 创业历程

早在 2006 年时，正在念大二的程麦就在淘宝网上注册了一间网店卖衣服。那时她并未想过要用心去经营，前面的三个月才卖出三件衣服。程麦后来总结了自己的失败教训，主要原因是对网店没有一个定位，什么服装都摆上去卖就像摆地摊似的，生意时有时无，加上拿到的货源也没有多少优势，所以要做大或做起来几乎是不可能的。

到了 2007 年，程麦决定开始用心经营她的网店，首先她需要寻找到一个比较稳定的生产厂家作靠山。刚开始，她选择了销售均码的衣服，按不同的颜色，不同的款式，每种拿货 100 件左右，而对于那些热门的，销售情况好的裙子、裤子等她却没有拿货。慢慢地她开始明白，韩服随着韩剧的受欢迎程度越来越高而销得越来越好。于是她对自己的服装网店销售有了自己的一套定位与标准。

程麦一直认为经营网店，生意的好坏最重要是取决于人气。她选择与专门生产mina（著名时尚杂志《米娜》）服饰的公司合作。当然这对她小店的人气提升是有很大帮助的。但最后令她一举成名的却是淘宝的促销活动，奠定了她成功的基础。

促销活动举办的模式非常简单，无需报名费，只要商家有好的产品，优惠的价格，就有资格报名参加。也就是在那个2007年的疯狂促销活动中，程麦创下了经营网店至今的最高销售记录。参加活动的有一万名商家，而最后却只有包括程麦在内的12名商家在活动中胜出，最终获得参加活动名额。程麦在厂家那里选定了一款不错的服装，拿到活动期间推出。她创造的记录是：3分钟卖出600多件，1个星期销售40000件。这次活动为她的小店带来了一个质的提升，吸引了大批顾客，并成了以后的常客。

后来，有了人气。每当程麦要去厂家订什么新款时，她便将新装图片上传到淘宝的小论坛，让大家进行自由投票。一方面，此种方式，为她的小店带来了许多人气，另一方面，她也找到了预测销售前景的最佳方式。她的生意就这样在众星捧月中慢慢好转，越做越大。

程麦并没有完全满足于网店上销售产品，为了进一步打开市场，开拓业务，也将眼光投向了实体店。利用网店的优势，她迅速开了一间公司，一方面负责向实体店提供货物，另一方面，负责她的网店零售。

发展至今，程麦的公司已经有32个人，大家各司其职，分别负责客服、售后服务、会计等工作。由于程麦的网店经营理想，许多网店也加盟到她的韩装销售上来。最高峰时期多达100多人。根据统计显示，在程麦的批发顾客中，有些客户甚至一个月就可以拿到三万元的货。而每天都拿货的那些小商家就更加不胜枚举。

程麦一直在经营韩服，后来她想到直接将公司开到韩国去。她请了关系好的韩国朋友一起负责对韩国服装的选择，而程麦自己则主要负责国内市场的销售。在经营韩服的过程中，程麦发现了一个奇怪的现像，只要哪部韩国电视剧在国内热播，那么韩剧中的男女主角服饰就会在中国市场上大受欢迎。她也尝试调整了战略计划，加之自己的人气，她的生意越来越火。

一直到现在为止，程麦的网店都经营得有声有色，年营业额已经达到1200万，平均月营业额过百万。在韩国拥有了自己的服装公司后，她正在努力学习韩语，计划在将来的日子里，也将韩国的产品拿到中国的市场上来卖。

■致富金钥匙

像程麦一样抱着玩一下或试一下的心态去经营网店的人实在很多、很多。有着这种心态也很必然得到像程麦一样的结果，三个月的时间只有三单生意，这是许多网店新手的真实写照。许多人看不到开网店的希望，或还没找着突破口，于是坚持不下来而放弃了。许多淘宝成功网店的资深卖家都懂得一条：坚持下来就会胜利。信誉是靠积累的，据调查一般过了“三心”也就是至少有一百多单成功交易的网店，死亡率是相当小的。可以这样说，只要坚持过了最初的阶段，你将会迎来另一个辉煌。

失败不要紧，只要你不放弃，那失败就只是暂时的，只是一个给你找到突破口的机会。程麦前期的惨淡经营令她意识到货源的问题，而解决了货源的问题，接踵而至的便是推广问题，她充分利用了网店促销的机会，也成功获得了机遇之神的青睐，网店成功后，她并没有固步自封，总是在不断经营中，努力寻找破突口，如她后来发现的韩服随电视剧热播的影响，如将市场打入韩国，如将韩国产品引入国内。只有发展才能生存，只有不断学习，将眼界放开才能迈向更高层次的成功。

致富名言

生活是公平的，哪怕吃了很多苦，只要你坚持下去，一定会有收获，即使最后失败了，你也获得了别人不具备的经历。

——马云

班良民☞人造石成就的20亿江山

■创业人：班良民→建材起家

从1991年带着2000元到深圳创业，到如今在全国范围迅速攻城掠地，构筑建材领域的富丽杜邦王国，班良民仍然相信自己最初的理念：诚信是有回报的。

■创业历程

1991年，班良民带着2000元钱来到深圳，开始了创业生涯。

人生的每一次选择都会带来不一样的命运，也是人生的一个转折点。在这个重新选择的过程中，真诚与踏实再次帮助了班良民。1993年下半年，作为打工者，班良民一个月业务提成已经拿到了14万元。公司老总为了留住这位诚实肯干的年轻人，悄悄给班良民买了一套房子。当班良民知道这件事以后，更加深信了自己的观点：诚信是有回报的。这也是他以后创业成功的真谛所在。公司的房子并不能留住怀揣远大理想的班良民，最终他还是决定离开了那家公司。

那段时期，地产市场越来越活跃，带动了建材行业的迅速崛起，班良民认为这个市场潜力无限。一个偶然的机会，班良民在酒吧注意到一种精致的台面在灯光映衬下非常漂亮。据介绍，这种台面是化学合成材料，也就是现在我们所说的人造石。当时国内没有厂家生产人造石，市场上只有进口产品，因此价格昂贵。

班良民个人认为国内装修市场潜力巨大，这种产品一旦进入其中必然会有相当的利润。他并没有草率行动，而是为了证实自己的判断，到图书馆去查阅各种资料，而这些资料所透露的信息更是令人鼓舞，也更进一步坚定了他的决心。

他了解到国外建筑领域里，各种化学建材所占比例一般在20%～30%之间，而中国仅仅只有2%～3%，其未来发展空间是可以想像的，也是令人心动的。而生产人造石原材料便宜、生产工艺简单、无污染、投入资金不多，更为重要的是国内当时还没有人介入生产领域。于是，他通过朋友找到了人造石的美国生产商富丽杜邦公司，并与该公司达成合作协议。该公司的技术负责人——一位美籍华人成为了班良民的技术顾问。有了技术上的支持，杜邦人造石迅速进入国内市场，一年时间就在广东省大获成功。再一次验证了他的想法与决定是正确的，也是明智的。成功给了他更大的信心与动力继续前进。

在产业迅速发展的同时，班良民意识到一点，深圳是经济的城市也是高科技的城市，却不是原材料的城市。由于运输成本高，人造石的利润空间并没有得到最有效地开拓，只有原材料的生产才能够让杜邦石最终占领全国市场。同时，面对高额利润，国内其他一些企业也纷纷涉足化工建材领域，仅广东一地就有十几家公司在做人造石。富丽杜邦不只面临推广的问题，更面临如何竞争的问题。

面向全国市场的时候，富丽杜邦的真正考验也来了。此时的班良民做出了一个重要决定，也是选择项目以来最为重要的一个决定——公司将不走单纯的生产销售之路，而是走一条品牌化道路。他想到了特许经营，并且决定将公司与加盟商的利益捆绑在一起。班良民是这样分析的："随着人造石市场由推广期向成熟期过渡，市场竞争将过渡到品牌的竞争，也就是说，同等质量，谁的成本更低，同等成本，谁的品牌更强。品牌优势最终必然转化为利润优势。"思路确定之后，富丽杜邦的品牌扩张顺风顺水，每年的新加盟商都在80家左右。对此，班良民解释说："富丽杜邦完全具备了全国深入推广的市场条件，品牌优势、技术优势、内地原材料的优势、市场推广优势共同构成了一个强大的发展平台。"

当然加盟成风的年代里，他也注意到用创新去吸引更多的加盟商。他说"我们也跳出了一般的推广加盟模式，不收取任何加盟费、保证金等，把加盟者的投入降到最低。我们并不看重加盟费，我们的盈利是通过加盟商盈利后，将其产值的3%给我们作为管理费。加盟商盈利越多，我们的收益也越多，加盟商如果不能盈利，那么我们同样没有收益。因此，我们必须千方百计地帮助加盟商。"他还说："一些投资者对人造石投资有顾虑，除了受一些加盟骗局影响之外，也因为加盟方式本身的不适合。而我们充分考虑到中小投资者的实际需求，用服务来解决问题，这包括技术的服务、销售的服务、售后的服务、质量的服务等等。我们要教会一个后来者用什么方式来抢占市场。为此，我们培养了一支专业的营销精英队伍，不久的将来，这支队伍的人数将达到一万人。”

班汉民始终坚持自己的观点与路线，他说“对于加盟商的发展，我们追求的不是高速，而是高效率。”他这样对外界宣称：“在做人造石加盟的同时，富丽杜邦涂料与富丽杜邦复合板也以同样的方式进行运作。在国内拓展的同时，我们也在全球寻找合作伙伴，我们的目标就是要让杜邦走向世界，同时成为国内化工建材的龙头。”

■ 致富金钥匙

用班良民的话说，快速创富并没有什么神秘可言——只要认准了市场，采用了适合的方案，普通投资者几万元的资金投入同样可以迅速在市场上崛起。怎样才能认准市场呢？充分的调查，尝试性试探，然后总结归纳。什么才叫适合的方案呢？没有人能为你量身订做一套可以一成不变走向成功大路的方案，你需要有一个自认为比较适合的纲，然后将这些理论投入到实践中去检验，去修改与总结，再得到适合自己的。

致富名言

如果说创富路上有什么偶然的机遇的话，那么这种“偶然的机遇”只能给那些有素养的人，给那些善于独立思考的人，给那些具有锲而不舍精神的人，而不会给懒汉。

——华罗庚

曹莉莉☞从脚上破鞋得来的商机

■创业人：曹莉莉→修饰破鞋起家

有些人看到小洞，就只是一个小洞，有些人却可以从中看出无限商机，曹莉莉就属于后者。让我们一起来看看曹莉莉是怎么创业赚钱的吧，对你是否有所帮助呢？

■创业历程

曹莉莉发现商机只是在一瞬之间，而她也紧紧抓住了这次机会，从而赚到了她的那一桶金。

回想当初，她觉得一切都来得顺其自然，机遇就这样摆在她的眼前，而她也很好地抓住了。2005 年的一天，她和 3 个孩子在厨房里，玩玩这玩玩那。大女儿成茜拿出针线箱子，她挑出几个纽扣、人造宝石和布头儿，把它们缀到一双大头鞋鞋面密布的小洞里，成茜说“妈妈，真好看！”在接下来的一整天，曹莉莉和 7 岁的成茜，把家里的 12 双大头鞋都缀满了各种各样的饰物，本来几乎一个模样的 12 双鞋子，突然各具特色。当时曹莉莉的丈夫成训在创业方面已经算是个“老手”了，当时已经创办了两家新兴科技公司。那天晚上，成训看到妻子和女儿的杰作，眼前一亮。曹莉莉回忆说：“我感觉得到，他的脑袋像电灯泡一样亮了起来。”威达公司 (Crocs) 生产的大头鞋，销量数以百万计。成训夫妇心想，说不定可以搭“顺风车”开创一番事业。成训要求妻儿：没申请到专利以前，谁也不许把那些缀有鞋饰的大头鞋穿出去。

有了好的产品，接下来曹莉莉和成训首先考虑为他们独特的鞋饰命名。他们深知一个产品是否可以带来好的销售量，一个美丽的产品名称是必不可少的。它就是一个最好的包装与最有利的广告。他们想了许多，最后从看过的一部电影中获得灵感，片中梅格·瑞恩对汤姆·汉克斯说“我就是这样嘀美生咕的人”。他们决定把产品称为“美生”。自此，“美生婆”成了曹莉莉的昵称。此后，曹莉莉专管设计鞋饰，成训负责行销策略，夫妻俩设立了一个网站，销售曹莉莉为大头鞋设计的鞋饰。

前期他们是辛苦的，就靠着曹莉莉一针一线，陆陆续续利用所有的时间在家里设计出几百款鞋饰。设计鞋饰听起来容易，可做起来并非想象中那么简单。鞋子的尺码越大，鞋面的洞就越大。怎样才能设计出单一规格、适合各种尺码鞋子的鞋饰？曹莉莉煞费苦心。这些鞋饰色彩鲜艳、个性十足，能使一双双一模一样的大头鞋变得“独一无二”，别人也无从模仿。

自从他们的产品打入市场开始，就吸引了许多顾客，生意好得出人意料。经营6个月后，成训放下原先的工作，全心投入，与妻子一起经营“美生”。曹莉莉设计的鞋饰引起了威达公司的注意，因为该公司总部距离曹莉莉家不足10公里。有一天，威达公司的创始人之一韩森在当地游泳池看到曹莉莉的女儿成茜和她脚上的大头鞋鞋饰，就递给成茜一张名片说：“请你妈妈打电话给我。”

曹莉莉电话过后便接到一张订单，完成这第一份订单后，她开始不慌不忙，在家里精心设计出了300款鞋饰,并且分别与4000家零售商签约。有了更多产品、更多顾客、更理想的分销网，“美生”公司的身价水涨船高。2006年11月，威达公司以2000万买下了“美生”,但仍由成训夫妇经营。成训身为公司的总经理，颇擅长争取特许经营权,所以“美生”3000多款鞋饰里既有“蜘蛛侠”,又有“兔宝宝”。曹莉莉则继续开发新产品，把触角伸向手提袋和手机套。这种多元化经营深具先见之明。

事业发展至今，一切已经走上了稳定发展的道路，曹莉莉现在身处窗明几净的办公室里，连她自己都惊讶，当初一个平凡无奇的念头，影响竟会如此深远。她的朋友们对她的经历如此感叹：明明那里就有一个小洞，我怎么就没想到给它缀上些什么呢？

■致富金钥匙

商机无处不在，你能变废为宝，你能解决他人还未想到的问题，你就能在财富的海洋里分一杯羹。人都有感情，有些东西使用久了就不愿意扔弃，然而留着又觉得无用。如果你可以赋予其特色的意义，可以令其再使用，并且更具特色，那你的天才创意就能帮你赚足财富。

当然，创业者并不需要一一都自己思考，你可以网络搜索，你可以书中翻阅，你可以细心听别人的建议。许多人可以想到，并未去行动，那么，你行动，财富就是属于你的。

致富名言

你若要喜爱你自己的价值，你就得给世界创造价值。

——歌德

陈华丽 ☞ 创意头脑玩转市场

■ 创业人：陈华丽→创新起家

从自行设计小布包开始，接踵而至的疯果盒子，“复古元素＋时尚设计”的杯子、书包、“M.A.O”系列产品等等，为陈华丽带来了一笔又一笔财富。

■ 创业历程

对于每一位初出茅庐的大学生而言，要想创业，资金大都会成为需要解决的首要问题。许多人也因此放弃了创业的念头。但这对于敢想敢做的陈华丽而言，并不是什么难事。“学校里有很多学生裁剪后丢弃的废布料，我就把它们加工成一个个小布包拿到街上去卖5元、10元，除了1毛钱一条的拉链，几乎没什么成本，没多久就攒了一些钱。”靠着自行设计销售小布包，陈华丽有了第一笔创业资金。

刚开始，陈华丽在疯果盒子销售自制的具有日本简约风格的小商品。疯果盒子是一个在固定场所举行的创意集市。用户可以用很低的租金在疯果盒子店租赁自己的作品展卖空间。据她本人说，她租的盒子月租金600元，加上销售额25%～30%的提成，第一个月她的销售额就达到了7000元。

陈华丽主张不断创新，她总是这样说：“设计是有生命的，不更新就会死。”几个月后，由于周边仿制品增多，陈华丽的销售额开始受到影响。不过，这难不倒会玩新花样的陈华丽。“复古元素＋时尚设计”的杯子、书包等“M.A.O”系列产品为陈华丽打开了另一扇窗。“不是简单地去复制怀旧品，而是让更为时尚的裁剪和设计融入其中。这样就等于把以往存放在昏暗角落里的东西照亮了。”据她透露，自从“M.A.O”系列产品推出后，盒子的月销售额开始以万元来计算。

陈华丽的创意很多，当然不仅仅是“M.A.O”系列产品，在海魂衫改良上，陈华丽也是创意市场的第一人。她透露，推出改良的海魂衫不久，广东一些企业开始成批量地生产。每一次陈华丽的创意产品推出后，市场上就会相继出现各式各样的仿制品。不过，她表示，“我是创意市场举旗的人，他们始终在我后面，我不怕。”

陈华丽在自己的博客中这样写到：“只要你愿意，可以让自己周遭的一切要多艺术有多艺术。”而这些都是在玩的过程中发现的。“这儿逛逛，那儿看看，你就知道现在市场上流行什么，缺少哪些元素。”也正是这样，新买一个月的车，没多久就跑了几千公里。她说：“不管在什么地方，你用心就会发现，哪些元素是重复的，哪些是过时的，哪些是之前有过现在又回来的。”作为圈子里年龄较小的人，陈华丽说，在一年多的时间里，不仅了解了零售、批发、配件等市场运作的各个环节，在这个领域还交到了很多朋友，为她提供生活和生意上的帮助。随着年龄的增长，陈华丽玩的范围在不断地扩大。对于自己的生命历程，她是这样诠释的：“我现在只是进入了自己的一个小轨道，就像银河系里的一个小行星，还需要和其他轨道接轨。”陈华丽称自己是个有小理想的人，没有特别大的抱负。或许就是这样的小理想促使她尝试品牌的开发、成立自己的工作室以及拥有实体店，使她坚信“只要你敢做，什么都不难。”

懂得创新，做事有魄力，敢作敢为，可以持之以恒，我想创业者不成功也会很困难。

■致富金钥匙

从身边的细小物品、生活用品入手。从逛街，观看中获取流行元素的灵感，陈华丽始终走在时代的前沿。在满足自己的兴趣爱好，不断享受生活的同时赚取大量的钞票。

如果你视创业为一种享受生活的方式时，你就拥有了更多的理由与动力去做得更好、更强，走得更高、更远。所以，努力寻找你感兴趣的，你觉得是享受的事情。当然如果你实在没什么特别的兴趣爱好，如果你能满足别人的兴趣爱好，也不失为创业的一条明智选择。

致富名言

人的价值蕴藏在人的才能之中。

——马克思

陈民 ☞ 内衣特价店抢占商机

■ 创业人：陈民 → 内衣店起家

赚女人的钱是最容易的，女性内衣向来是女性消费的一大重点，而内衣专卖店也已经渗透到每条商业街甚至社区里。要在这块市场中再挖掘出空白点似乎不可能。但是陈民却以其独到的市场触觉找到了名牌内衣特价店的市场真空，以一个男性的身份大做女性内衣生意。

■ 创业历程

陈民的内衣店就开在人来人往的人民路，作为祖庙路的二线商业街，而且聚集了一批颇具特色的商铺，向来是年轻人爱逛的地方，所以人流绝对不是问题。但是这条商业街中内衣专卖店已开了不下3家，陈民要想加入竞争必须另辟蹊径。经过一番市场调研，陈民发现市内专卖店做的内衣品牌多是国内品牌，而且基本上是正价品，目前还没有一家是专门长期做特价品的，这是一个市场空白点。另一方面，像黛安芬这样的国际品牌只是在商场有专柜，陈民告诉记者，像黛安芬这些国际品牌一般会定期有一批货品特价处理的，厂家一般的做法是各大百货商场轮流做特价专柜，但是并没有长期做特价的专卖店，经过一番调研和分析后，做国际名牌的特价店的主意浮出陈民的脑海。

陈民认为国产品牌的内衣专卖店实在太多，高档的大商场里随处可见。并且价格不菲，一般至少也是每件几十元。并不是所有女士都会有这么高的消费水平。他也是利用了这个特点，陈民的特价店做的是黛安芬的特价品，虽然价格是正价品的一半甚至更低，但是价格还是比一般品牌的要高。陈民表示，如果单纯做黛安芬的正价货品，恐怕市场接受能力有限，而做国际知名品牌的特价品，虽然价格已大幅拉低，但还是与其他品牌拉开了一定差距，保证了利润空间，而顾客看到国际知名品牌能做到这样的价位，也很乐意光顾。

身为男性的陈民做女性内衣生意肯定会有一定阻碍。陈民表示，在进货、日常运营上，他会多听听厂家代表的意见。他说，毕竟是小店，资金有限，每次入货不可能所有尺码都进，这时候业务代表的意见很重要，比如佛山地区女性的平均身材、流行款式等资料，他再据此进货就可以节省不少资金。

女性选择了喜欢的，满意的产品后，大都会定期光顾，拥有一批熟客对于像陈民这样的小店来说就等于有稳定的客源，熟客的忠诚度与口碑的传颂非常重要。而店员的待客与店内陈设就是专卖店对外展示的两个窗口。由于是做大品牌代理，品牌方面定期会有店员培训，指导加盟店店员的销售技巧和最新资讯。而陈民也会经常改变店内的样品陈设，他说，这是保持顾客对专卖店新鲜感的有效方法，而这种改变陈设位置的做法几乎不需任何成本。

当然，任何生意都是存在着困难时期的，比如说特价内衣专卖店最受冲击的就是百货公司举行减价促销的时候，“店大压死人”，百货公司逢促销时候的宣传、商品资源都是他难以匹及的。另外因为品牌公司对于特价货品的供应并没有固定周期，万一货品售清而品牌当期又没特价品供应，就只能选择入正价品填充门面。

创业的路上困难会很多，既然男人可以卖女人的产品，既然他人遇到困难可以想办法克服，我相信所有创业者也可以，只要你愿意。

■ 致富金钥匙

找热门产品，必需生活品，挖掘市场空白区域。不在已成熟的行业里拼第一，而要在空白的行业里做第一，往往后者才是小本创业致富的最佳捷径。

做第一个与在已经成熟的行业里争做第一，你觉得哪一个更容易一些？当然是做第一个！创业就是如此，你能成为第一个，你就可以在这块处女地上赚足你的那份，等别人到来的时候，你已经满载而归。创业路上，多多寻找市场空白即是上策，而非去分别人的那杯羹。

致富名言

不创新，就死亡。

——艾柯卡

侯钧 ☞ 吃出来的财富

■ 创业人：侯钧 → 小吃起家

由自己的需求出发，探索有同样需求的市场有多大，满足此需求的供应商又有多少。由一间店到现在的四间小吃店，甚至侯钧已经打算把他的小吃店向全国发展。

■ 创业历程

有了目标就会将所有精力都放在上面，做每一件事都以此为中心，往往也更易走向成功。2002 年底，侯钧开始寻找创业机会；2003 年在“读者文摘”书店任经理助理；2004 年开“秦记”肉夹馍店。

对于创业者侯钧来说，他的生活非常简单，他就局限在石家庄。在他的三间房大小的餐馆中，他在悉心参悟着餐饮的经营、管理，因为感觉餐饮业是可以干一辈子的职业，所以侯钧在选择创业项目的时候，选择了这一行。他说："我本人比较喜欢吃肉。而且我开店之前，石家庄像这样成规模的腊汁肉白吉馍店还不是很多，到西安考察过几次之后，我也特别想把正宗的'腊汁肉白吉馍'带到石家庄，所以就在西安高薪聘请了三个师傅，回来后开始找店面、装修，就这样干起来了。"

2004年8月，侯钧开起了他的第一家店，那个时候整个石家庄也不过就七八家同类的饮食店，但是目前已经发展到了30余家。他说"餐饮业就是这样，跟风的特别多。尤其是像这样既有特色，规模又不大，投资也不多的小餐饮店更容易出现这样的现象。"侯钧在闲暇的时候就会在石家庄的大街小巷转，遇到同类的店铺总要进去坐坐，体会一下，品尝品尝，他说这样做的目的是考察市场。在2004年年底的时候，侯钧发现有两家一样是经营腊汁肉白吉馍的店铺已经关了门。"它们在一个月前悄悄开了张，又在一个月后悄悄关了门。"侯钧说。善于向竞争对手学习，善于不断改进，看来也是创业者生存的一个硬道理。

腊汁肉白吉馍在陕西被人们当作家常饭，可到了河北却被当成一种风味小吃。因此口味成为关键要素，经营者要在正宗原味上下大功夫。其肉讲究：肥肉吃了不腻口，瘦肉无渣满含油；不用牙咬肉自烂，食后余香久不散。而其馍讲究的是：铁圈、虎背、菊花心，要外焦里嫩，要达到这些标准，火候很重要，而且连烧火的木炭都有讲究。"很多经营者以为，找个店面，做个显眼招牌就可以卖腊汁肉白吉馍了，哪有那么简单呀。像这样的店铺其实主要靠的是回头客。"侯钧这样解释一些腊汁肉白吉馍经营者失败，"如果人家吃一次就不想吃第二次了，那不关门才怪呢。"看来饮食也是主要做回头客，居住在你附近的人没可能更新速度非常快，所以，还是以熟客为主才是硬道理。

创业与工作完全是两码事，既然选择了，就必须意识到这一点。如同侯钧，他曾经是脚不沾地的海上生活，并且可以周游世界，还有高薪和一切社会保障；现在是守家创业，没有了高薪和一切保障不说，还换来了操心费神，但是侯钧显然更喜欢现在的生活："换一种活法吧。而且目前市场激烈的竞争也很有吸引力，更能激发我的创造性。"

现在，创业者侯钧已经在石家庄有了三家店面，并且正寻找适合的店面准备在春节后开第四家："东北还没有这样的生意，我想把店开到大连去，生意肯定火。"按照侯钧的理想，他想把自己的餐馆开成一个上规模上档次有特色的酒店："第一目标是发展成一个像湘君府那样的特色饭店，每个月都能用掉200多本发票。"

像这样从小立志的创业者不乏其人，侯钧只是其中的一个成功者。他的成功足迹是否也会为正在创业的你带来一些感触与灵感呢？

■ 致富金钥匙

民以食为天。现在人们收入渐渐增加，已经不是吃饱就能满足了事了。现在已经不是毛泽东说的："吃饭是第一件大事" 的时代，谁可以想出新招、奇招，做出特别而又吸引大家口胃的小吃、菜式，谁就可以在餐饮业争得一席之地。

致富名言

神圣的工作在每个人的日常事务里，理想的前途在于一点一滴做起。

——谢觉哉

贾林海 ☞ 短信治疗忧郁带来商机

■ 创业人：贾林海→短信起家

贾林海给人感觉乐观、开朗、健谈，你很难把他和抑郁症联系在一起。但他确实曾受抑郁症的折磨，而摆脱抑郁症的困扰全靠和一个朋友短信聊天。正因如此，正在上大四的他创立了以短信形式做心理咨询的 "24 小时心理花园"。

■ 创业历程

许多人创业的动机往往是出于本身。他受益了，他也想与他一起承受同样痛苦的人获得帮助，解决别人烦恼本来就是一项创业的好项目。高中时的贾林海远不像现在这样开朗和健谈，那时焦虑和抑郁时时纠缠着他，但心中苦闷却不知向谁诉说。进入大学校园后，贾林海的心理问题仍没有得到解决，其间，他看过心理专家，吃过药物，但收效甚微。有一年寒假，难以承受心理压力的贾林海给一位外地同学发短信倾诉。“短信发出去的一瞬间，我心里特别紧张，不知对方是什么态度。”同学的理解就像一缕春风一样吹进贾林海的心里，他顿时觉得无比轻松。在和这位同学短信聊了十个晚上后，贾林海的心结完全被打开了。

就读大学期间，贾林海惊奇地发现其实很多看似正常的人都存在心理问题。特别是一位同学的突然自杀更是深深地刺激了他。“其实，心理问题通过倾诉是可以解决的，但这对很多人来说却很难。”贾林海说，和朋友面对面很难彻底打开心结，心理门诊也缺乏人性化，一张桌子一把椅子，周围人来人往，人们更难开口了，而短信咨询既避免了面对面的尴尬，又不受环境时间的限制。很多时候倾诉可以帮人解决烦恼，可把自己的隐私、秘密告诉别人总是不太令人愿意干的事。

贾林海从有了开办短信心理咨询公司的想法到真正将公司开起来，酝酿了两年多之久。他当时学习的是行政管理专业。他对药品、心理咨询可谓一窍不通。后来他开始借助网络和书籍慢慢了解医药行业，并尝试着去做一些事情。在此期间，他曾在网络上以免费心理咨询为名做相关调查，每天十几名咨询者给了贾林海很多信心。进入大四，贾林海意识到社会是不会等人成熟的，何不早点出来接受社会的考验呢。就这样，2007年底，贾林海注册了自己的心理咨询公司。

往往一些心理咨询者有用药的需要，贾林海灵活地决定代理一些相关药品。他先从网上寻找药品和货源，但也曾担心被骗，于是尝试性买了2000元药品，后来双方一直合作得不错。药品是找着了，但还需挂靠医药公司来销售。“最初找的一家医药公司不愿和我们合作，但对方禁不住我的死缠乱打，后来又给我介绍了现在的这家公司，就做成了。”现在的贾林海说起药品销售环节、心理咨询事项如数家珍，堪比专业人士。

事到如今，贾林海的心理咨询工作已经正式开展了。公司聘请的都是有二级资格证的心理咨询师及研究生，其次还有一些兼职人员。心理咨询采取包月形式，两名心理咨询师 24 小时值班接受用户咨询。因为只有一个人，很多事情难以顾全，贾林海对员工待遇采取提成制，以减轻自己的负担和风险。即使这样还是有许多事要操心，如为了让药品销售好一些，贾林海还要不断地和药店营业员沟通等。

创业者资金的来源永远都是一个问题。创业者贾林海公司成立投入的两万多元一半是家里支持的，一半是自己借的，到现在公司还没有盈利。“由于缺乏经验，公司比预想的进展要缓慢得多，但毕竟是有进步的。”目前，贾林海正在通过各种宣传来提高公司知名度。“这种新兴行业必须做推广，否则很难产生效益。”下一步他打算把总部设在北京，然后辐射全国。他希望帮助更多的人打开心结，有能力时就多做一些公益活动。

一路准备，一路尝试走过来，每个创业者都会遇到许多困难。克服的过程也会得到许多经验教训，而提到自己的经验教训，贾林海称到目前为止还算顺利，自己并不善于总结，也总是爱忘记曾经的困难，所以谈不上什么经验，只是觉得人们应该在思想上有所转变，固定的工作不是惟一出路，也不要被自己臆想的一些困难吓退。“只要做就比不做强，如果不做就永远没有经验可谈。”

■ 致富金钥匙

什么是目前所盛行的？什么是人们所共同担忧与害怕的？什么是人们所共同期盼而市场上没有的？无论物质享受还是精神治疗，谁可以把握时代变换跳动的脉搏，谁可以拿准大众的心理，谁就有机会成功。

致富名言

提升自己的要诀是切勿停留在原地不动，而欲达到此目的，首先要有不满现状的心理。但是仅仅不满足是不够的，你必须决定下一步往何处去。千万不要做个只会成天抱怨的懒人。

——麦尔顿

姜玉凤☞排队也能排出万元一个月

■创业人：姜玉凤→排队起家

姜玉凤，一无文凭，二无技术，仅仅只是一个普通得再普通不过的打工妹，她曾经连自己当清洁工的工作都保不住，感觉前途一片黑暗。但她看到了一条致富路，有一天，在人头攒动的银行营业大厅里，姜玉凤突然眼前一亮——她似乎看到一条致富的捷径光灿灿地铺在她面前。于是她在广州专门靠替人排队赚钱，并成立了一家排队服务公司，招了20名员工，成了中国第一个合法的"职业排队人"，现在她的月平均利润有1万元左右。

■创业历程

好的创业项目往往来自解决别人的烦恼，如果你能把解决别人某一种烦恼作为一项事业来做，你就离成功不远了。姜玉凤的创业念头源于2005年12月的一个周末，她到体育东路的中国农业银行取钱。自动领号机里跳出一张编号为189号的小票，可她发现窗口上的显示屏竟然还在第48号。一个小时过去，姜玉凤见还没有轮到自己，便到附近快餐店吃了碗米粉。回到银行大厅后，她又等了10多分钟，这才快轮到她。她刚要走向业务窗，一个年轻人突然对她说："小妹妹，帮个忙吧！我急需取笔钱给客户，可我的号排到了300号，照这样等下去，我今天恐怕取不到钱了。你能不能把你的序号让给我？我给你30元钱。"一张免费的排队号竟然能卖30元钱，自己干上一天苦力活，也才挣30元呀。姜玉凤爽快地将自己的排序号卖了，也尝到了替人排队的小甜头。

后来又有一次机会，更加坚定了姜玉凤创业的信心与想法。她路过"好又多"超市时，发现超市门前热闹非凡，便驻足观看。只见有人喊："鸡蛋3元1公斤！白糖2元1公斤！晚上7点到9点，所有商品一律半价，请排队购买。"她见许多市民纷纷排队，准备购买便宜货，她想也没想就站到了买海鲜的队伍后面……到了晚上8点钟的时候，6个柜台前均已排了100多米长的队。此时，优惠销售活动已进入尾声，眼看快轮到自己了，可她一摸口袋，发现口袋里只有5元钱。这点钱哪能买海鲜啊？她急中生智，大声喊道："我的钱包忘记带了，谁要我这个位置？15元钱卖给你！"喊声立即引起周围人的一阵哄笑，令人意想不到的是，一位排在队伍后面的胖子急忙跑过来，说："卖给我吧！"胖子买到海鲜后，给了姜玉凤15元"排队费"，并笑着问："我专门给酒楼、饭店供货，今晚也排了半天队，要不是你，这笔生意可就泡汤了。哦，忘了介绍，我叫阿强，这是我的名片，有事打我电话啊！"一次的"意外之财"也许是偶然，但两次"意外生财"的经历便令姜玉凤开了窍。在"时间就是金钱"的现代都市里，"替人排队"其实也是为别人创富，肯定有市场潜力。

后来，姜玉凤终于决定开公司了。2006年元旦后，她决定开间公司替人排队。就这样，她开始了自己的创业之旅。姜玉凤说干就干，马上印了两盒名片，上面打着"时间就是金钱"、"替您排队，为您创富"等几行大字以及她的姓名和电话号码。之后，她带着名片到各大银行去散发，发现有神情急躁的人，她就悄悄递上一张名片，问："先生，要不要帮忙排队？"可大多数人看了她一眼，便笑笑说："暂时不需要。"没想到更好的办法，姜玉凤最初便在业务比较多的银行里"守株待兔"。有时，她偶尔也能碰运气赚二三十元钱，可大多数时候空手而归。后来，她终于想了一招：每天早点到业务多的银行，从自动领号机上取两三张排序票，然后再向"急用者"兜售。有一次，姜玉凤在兜售排序票时被银行保安发现了。幸好，这次是别人主动向她买排序票，保安才没有把她当做是"职业炒票人"来处理，但保安仍然严肃地对她说："这种行为是违规的，请你自重！"受到批评与打击的她并没有因此而放弃自己这个创业的想法。姜玉凤想，如果有人要办事却怕排队，先给我打电话，让我规规矩矩地去替他排队，那么我就可以光明正大地干了。可是，怎样才能让别人知道我是"职业排队人"呢？姜玉凤想到了上次在超市排队时认识的阿强，便打算请阿强吃顿饭，顺便取经。

一起吃饭的时候，她向他仔细讲述了自己创业的想法，阿强得知她的状况后，高兴地对她说："小姐，这次你找我算是找对了，我在广州混了五六年，对小生意场上的游戏规则见多了。如果你想有比较稳定的业务，最好是有个载体，比如搞个门面或开一家服务公司。说到底，你这也是属于服务行业嘛，一定要有信息意识，多交朋友，广泛地从报纸和电视上获取各行各业的市场信息……”听君一席话，胜读十年书。此后，姜玉凤订了两份报纸，每天从头看到尾，生怕漏掉一个有用的信息。2006年3月的一天，她从当地一家都市报上看到某大型超市正在举行“特价会员卡办证活动周”活动，便觉得这里可能有商机。她多方打听得知，持“会员卡”的人在购物时，可以享受比批发价还低的价格，因此吸引了不少人排队购买。姜玉凤到了排队现场，又发现购买会员卡必须凭身份证办理，而且每天办证时间有限，不少精明的顾客为了多办几张会员卡，便中途去借亲戚朋友或熟人的身份证，可这时得有人帮忙排队“占据”前排位置。一时间，姜玉凤成了“热门人物”，许多人抢着要她帮忙排队。她按时间长短收费，一个小时之内就收5元，超过一个小时收费10元。一周下来，她一分钱也没有投资，竟然赚了600元。她再一次眉开眼笑。

姜玉凤经历了许多次困难，不断解决的过程中也慢慢摸索到可行的方式。渐渐地她把“排队”这个新鲜职业做得游刃有余。到2006年8月，她就已经净赚2万余元。为了把“替人排队”这项业务做大做精，姜玉凤决定成立一家服务公司。2006年9月20日，广州市工商局正式给姜玉凤颁发了“广州市便民排队服务中心”个体工商户营业执照。这样，姜玉凤成了中国第一个合法的“职业排队人”。服务中心开业后，姜玉凤在报纸上做了几次小广告。没想到效果显著，每天都能接到10多个需求电话。随着业务上升，她又招聘了5名员工。2006年10月1日，服务中心所有的员工被某售楼中心请去排队“造势”。可后来，售楼中心要姜玉凤的员工当“房托”，即假装抢购精品住房。姜玉凤十分明智，她马上停止了与售楼中心的“排队合同”，因为她觉得为房产商“撑场面”可以，但决不能做欺世盗名的“房托”。

2007年春，姜玉凤迎来了另一个好时机，随着我国股市进入一个前所未有的繁荣时期，大有“全民炒股”之势，广州各大银行和证券交易所几乎个个爆满。姜玉凤的公司业务跟着空前“疯长”，仅半个月的时间，她就赚了8000多元！

一路走来，姜玉凤靠诚实守信把她的排队生意做得红红火火。如今，她月平均利润有1万元左右，其手下的“职业排队员”也增加到了20人。而随着名气越来越大，她所从事的业务范围也扩展到了银行、超市、邮局、医院和售楼中心等各种需要排队办事的公共场所。广州每年都有不少大规模的明星演唱会、球赛和展览等，这些盛会也成了姜玉凤的致富源泉。

排队只是我们众多烦恼之中不起眼的一个，姜玉凤却因此看到了无限商机，也做得得心应手。还有其他许多许多的生活小烦恼，从解决别人烦恼入手开始创业，你是否可以想到一二呢？

■ 致富金钥匙

我们不愿意干的事情，最苦恼的事情，往往都愿意出钱请人去做，这其间就蕴藏着白手起家的无限商机，又何止是"排队"这一单呢？

创业可以是卖产品，也可以是卖服务，而服务的档次更高一层，它不需要成本，却需要你以敏锐的眼光去发现，也许需要你丰厚的知识去整理。没事就多思考你愿意为什么事情而花钱？你愿意花多少钱去解决这些问题？当然你也可以从朋友处调查总结从而得到准确的信息。找到问题，解决问题便是你的创业之道。

致富名言

一个不注意小事情的人，永远不会成功大事业。

——卡耐基

李兵☞卖鱼粉实现的财富梦

■创业人：李兵→卖鱼粉起家

25岁的李兵，2008年毕业于第一师范大学体育教育专业。考上大学后，李兵只身一人在长沙，他经常怀念在家时妈妈经常给他做的鱼粉。尽管只是一碗粉，但因为里面盛满的是妈妈的爱，那是李兵记忆里最鲜香的美味。藉由着对妈妈的这一份深深的思念，李兵产生了创业的念头，他希望能让所有人都吃到自己妈妈做的鱼粉，更希望通过自己的努力，能让妈妈过上幸福的生活。

■创业历程

李兵大学期间就萌生了要创业的念头，并且决定以妈妈的鱼粉作为创业项目。毕业后的他为了实现自己的创业目标，他意识到首先必须学习一些相关基础与制作经验，就这样李兵毅然决定踏入与所学专业完全不对口的餐饮业。在工作中一边学习管理与营销的经验，一边积累资金为以后开店做准备。短短的一年内，他就在金牛角王等数家知名餐饮企业内打过工，由于他的勤奋刻苦，职位也从普通服务员很快升到了领班。可就在身边的人都看好他在这个行业内的发展时，他却辞职不干了，而是一心开始筹备起一直以来的创业梦想——妈妈鱼粉家菜馆。

创业的第一笔资金从何而来呢？什么都需要钱，特别是在长沙这个地比金贵的大城市里，创业所需要投入的资金对李兵来说就是一个天文数字。李兵想尽一切办法，找亲人、朋友借钱，可屡屡受挫，得到的都是爱莫能助的拒绝。这让空有梦想的李兵伤透了脑筋，如果继续靠打工来筹齐这笔钱那非得要个十年八载。就在这时，李兵在电视上看到了创业大本营的宣传片，年轻的他抱着满腔的激情和对妈妈做的鱼粉的信心毅然报名参加了节目，希望在这个舞台上能获得帮助从而实现他的梦想。

无奈的情况下，李兵只得另谋他法。他带着妈妈做的鱼粉来到了创业大本营的海选现场。期望可以在这里得到一线机会，得到他的启动资金。他坚持不懈的创业精神及鱼粉的美味得到了所有评委的肯定，以满分从 7000 名参赛选手中脱颖而出，顺利入围晋级赛。更令他感到惊喜万分的是，海选比赛结束后不久，一位郴州老乡通过创业大本营节目组找到了他，投资 8 万元帮他开起了他梦想已久的妈妈鱼粉家莱馆，而这也是创业大本营活动开办以来促成的第一个项目。8 月 1 日，李兵在创业大本营全民“学”创业行业晋级赛特色美食组的舞台上再一次充分展示了他的创业热情和创业项目起点小利润大的优势，并因此获得了创业导师袁岳及五位企业帮帮团嘉宾的肯定，从而最终淘汰掉其他四位优秀的创业选手顺利晋级八强，赢得了北汽福田迷笛汽车大奖。除此之外，他还赢得了由创业导师袁岳提供的 20000 元天使投资，湖南好时尚餐饮有限公司总经理汪峥嵘提供的 5000 元创业资金，金牛角王餐饮有限公司董事长霍权林提供的 20000 元创业资金，魅力四射董事长李智提供的 20000 元创业资金及湘西部落餐饮连锁有限公司总经理余协武为李兵今后的发展提供免费咨询，从此在创业之路上踏出了关键的一大步。

如今，李兵的生意已经慢慢走上了正轨。他的鱼粉家莱馆日日生意兴隆，小小的店面每天已经达到 3500 元的营业额。面对今天做出的成绩，李兵回忆创业初期的艰辛有着无限的感慨，但他用亲身经历向所有的创业者证实了一个事实，那就是只要坚持不懈的努力，就一定能得到回报！

■致富金钥匙

有了好的项目，等于有了城市的蓝图在心中。而造城所用的砖头（资金）筹集方式多样，是金子总会发光，你肯努力，总会有办法。有人说得好：办法总比困难多。

创业者如果幻想自己创业路程一帆风顺，那就只能惨淡收场了。不要相信奇迹会发生在你身上，也不要期待有免费的午餐。遇到困难是必然的，而关键是遇到困难后，你要正视它，可以将解决的办法一条一条列举出来，如果自己不能解决，你可以翻阅资料寻找灵感，你可以向别人求助等，你要相信，你能行，你就能行。

致富名言

一个人应当一次只想一件东西，并持之以恒，这样便有希望得到它。如果你什么都想，结果将是什么也抓不着。每次你都会发现，当一个所追求的东西唾手可得时，你却正在追求别的东西，等你回头，一切为时已晚！

——安德鲁·加德

李凯☞竹炭小店打开财富大门

■ 创业人：李凯→竹炭小店起家

李凯目标清晰，计划创业就往新奇产品领域发展。先是挑选可靠货源，接着超市、商场摆摊试货，再是开起实铺与网店一同销售，最后将主力放在大客户上面。步步为营，这也为他的成功创业垫定了基础。

■ 创业历程

李凯在一家港资公司工作了多年以后，厌倦了朝九晚五的生活，2006 年萌生了自己创业的想法。一直以来，他都认为要创业就要挑选新意产品。必须是有自己的特色，有市场需求而又少见的产品。他一直这样说，“我希望找到一种有新意、市场上少见的产品，由我将它带到广州，这样我的市场就会很大”。在网上搜索了很久后，他无意之中发现了一种新产品——用于净化空气的竹炭，这种产品能够吸附装修和新家具中的有害气体，保持室内空气清新。他觉得现在的装修和家具污染是一个普遍存在的问题，这样的产品应该能够得到广州消费者的认同。顿时，他觉得眼前一亮，便一头扎了进去。

有了产品就解决了一大难题，他又进入了第二步，找到方向后，找货源也要谨慎，虽然网上的消息很多，但是鱼龙混杂，不知道产品质量到底如何？经过大量比较，他找到了中国竹炭之乡——浙江衢州的一家竹炭公司。第二天他便一个人前往该公司办事处，向办事处经理讲述了自己的营销计划后，办事处经理欣然给了他很多支持。这一次他拉回了3万元的货。

许多人拿到货就急急忙忙开店了，可李凯并没有这样做，他将货拿回来之后，并没有马上开店，他认为店面难以起到宣传效果，当然开店的费用也是大大的一笔。为了节省成本，他最先的动作是在一些大型超市以及购物中心门前做推广。2006年，六、七月的天气骄阳似火，几个人在露天的广场上搭一顶帐篷，摆上几张桌子就开始一天的销售，往往从上午9时吆喝、讲解到晚上9时。第一月下来，大家的嗓子都哑了，皮肤也晒黑了。不仅如此，身体的疲惫更是折磨人，很多次收摊回来，在轮流等待洗澡的片刻他们就坐在货箱上睡着了。

天道酬勤，辛苦了一个多月后，终于有了成果，每天的销售量越来越大，并且还有了回头客。生意起步后他们又将生意推广扩大到一些高档小区里，很多业主都是刚刚搬进新房子，买了新家具，正愁怎样驱除装修和家具污染的时候，大家见到这种产品自然也就想买来试试。

李凯将产品打出一定的知名度之后，他才开始筹备开店。三个月后李凯将店址选在天河区一个高档楼盘的靠街门面，他当时的想法是在这样的：一个位置既能供应小区客户，也能吸引小区外的顾客。但是开店后生意并没有他想象的好，主要是由于宣传不到位，大多数人并不了解这个产品。“东边不亮西边亮”，开店的同时，他还建立了自己的网站。网络的宣传出现了意想不到的效果，同时店里面的生意也好了很多，很多人到店里面购买，在网上订购。于是，他决定做好网上销售这一块，不但及时做好网上的新产品更新等工作，还专门雇了送货员。此外他还在百度等搜索引擎上投放广告，使得消费者在搜索“广州竹炭”关键词时自己的店能出现在靠前的位置。现在网络销售已经成为他利润的最重要部分。

李凯深知光坐在家里或者在网上发信息是很难找着大客户的。还需要有针对性去找，对于一些大客户要主动出击。他们的大客户是酒店、大型公司和社区超市，他到各大酒店、社区超市以及大公司上门推销。推销虽然艰辛，但是每得到一个大客户，一个月就能获得几千包竹炭的订单，而且可以保持长期的业务，是未来发展的最重要支撑，因此非常乐意开发大客户。现在他周围的几个较大的酒店以及超市都开始向他们订货，大客户带来的纯利每月就近万元。

“做有新意的产品，就要用创新的营销方式”，这是他的信条。除采用传统的铺面营销方式之外，他更多地依靠网络以及上门推销的方式扩大销售额。经营了一年多之后，店面已经小有盈余，而网络销售以及固定的大客户能够让他月入2万多元。

■致富金钥匙

创业选择新产品，我们可以借鉴李凯的以下三点：

1. 新产品发展潜力虽然比较大，但相应的知名度会比较小，要提高知名度就需要比较多的时间、精力和资金去做产品宣传，因此前期的投入会比较大，如果准备的资金太少无法在最初阶段持续投入，则很可能半途而废。

2. 竹炭产品种类不多，而且一般每位顾客购买的数量都非常有限，因此如果不能创造一种新型的方法降低成本增加销量的话，全靠铺面经营基本上不会有太多的利润。解决这个问题可以采用竹炭产品搭配其他家居产品或者其他产品，这样才能使店面的产品更为丰富。

3. 网络经营需要一定的技术，包括网站的维护以及一些网络促销方式。网络配送的管理方法相对复杂，普通经营者在尝试之前要进行详细了解。

致富名言

一个不注意小事情的人，永远不会成功大事业。

——卡耐基

林楠 ☞ 水果罐头带来上亿财富

■ 创业人：林楠 → 水果罐头起家

大连市有一家水果罐头加工厂，已经有12年历史了。老板林楠用了10年时间，使自己的水果罐头销售到全世界29个国家，年销售额两亿多元，其中国内市场占了1/4。

■ 创业历程

12年的创业历程，小老板林楠有过无数解决困难的经历与经验。下面就以他这十几年带来的经验来诠释他的创业历程，也方便我们学习借鉴。

第一步：调查市场还缺啥。

创业之初，林楠虽然年龄小，可他的调查工作同样没少做，也许这也是他可以成功至今的原因之一。林楠经过多方考察，发现国内的水果罐头虽然有一定的市场，但是销售量并不如他想象中那么大。罐头产品是物资匮乏时期的产物，现在人们一年四季都可以吃到新鲜水果，罐头的市场容量因而缩小了。林楠派人每天在超市呆几个小时，看什么人买、买什么档次、什么包装……他自己也常常实地考察，缠着消费者问这问那，从中发现了许多信息。“玻璃瓶罐头的伸手率明显高于铁罐，消费者说，玻璃瓶的罐头可以看到水果，看得见的东西才放心。”“还有，几乎所有的罐头都是圆柱形、770克规格的，都是一个面孔。”林楠说。了解到这些情况后，林楠感觉，他们要做一种更时尚、高档的产品，满足更高层面的消费者。这也是他从市场调查中得出的结论。

第二步：寻找能人供应商。

产品质量要稳定，生产要及时，有保证，一个好的供应商是必不可少的。为了确保每日的加工量跟上去，林楠必须找一个有实力有经验的收购大户为工厂提供原料。他听说有个叫黎江科的农民经纪人收购水果很有实力，于是就上门拜访。2005年11月，林楠上门求贤，没想到人家家里刚着了火，家产被烧得一无所有，根本没有心思待客。看到黎江科当时的惨状，林楠简单地说明来意后，扔下2000元钱就告辞了。林楠这个举动让黎江科非常感动，在林楠走的时候，黎江科拉着他去了地下储藏窖，里面还有四五百吨苹果。家产没了，但经营网络还在。林楠的到来让黎江科看到了重建家园的希望。第二天，黎江科就给林楠打了一个电话，决定给他组织原料。黎江科的收购能力抵得上10位采购人员，给工厂提供了稳定的保障。所以，有时候做人也要厚道一些。

第三步：设计一个好卖相。

选好了产品，有了供应商，这些来源都稳定后，林楠深知，产品受欢迎，还需要一个与众不同的包装：除了精美还要多功能。他走了一家又一家玻璃器皿店寻找灵感。考察了很多从土耳其、德国进口的瓶形，再融合自己的想法，林楠找来帮手，设计了非常可爱的包装：一种容量只有360克的小个子玻璃瓶，吃完里面的水果后，瓶子可以二次利用，装花椒、干辣椒等调料，年轻人还能拿来装幸运星送人。

第四步：遭到冷遇心不慌。

由于经验的不足，调查所收集的资料不够充分，市场又变化莫测，难免使产品受到冷遇。林楠说：这个时候千万不能心慌，要稳住自己的阵脚。当初他因为用了高质量的水果和时尚包装，成品出来后，林楠发现小瓶子水果罐头成本价竟然跟770克大瓶差不多！内容少了一半，价格还是这么多，可想而知谁还会买他们的账啊。林楠在罐头批发市场遭到了冷遇。有个经销商，看了东西说非常好，很可爱，他很喜欢。可我跟他一说价格，他眼睛就瞪大了。当时我们里头装的是海棠，他说你这是卖金豆呢，肯定做不了。这些困难，林楠早有心理准备。好在当时有出口市场做后盾，工厂并不急等这个产品带来效益，所以他依然没有降价，并坚持以现款现货的方式销售。事实证明他的做法也是正确的。

第五步：奖励政策拓市场。

有一个故事是说一个渔夫，看到一条蛇咬住了一只青蛙，他想救青蛙，于是扔了一条鱼下去给蛇吃。蛇吃完后开心地游走了，过了一会儿，他感觉有东西在拍打他的渔船，回头一看，原来那条蛇又游回来了，这次它的嘴里叼了两只青蛙。

你喜欢得到什么就奖励别人有利于你的行为，这样你会得到更多，千万不要奖励错了就行了。林楠在沈阳罐头批发市场熬了一个多星期后，一位叫李欣的经销商看上了他的产品。他觉得，当时罐头类产品没有精品型，做工都很粗糙，这种感觉“提升了一个档次”的产品说不定会受欢迎。不过，李欣和其他销售商一样，也担心这种小型罐头价格过高卖不出去。为了给他吃颗“定心丸”，林楠答应：每销售100万元产品，额外给予两万元奖励。试销取得了巨大成功，几十箱货刚发到，马上就销售一空，李欣马上追加定单。李欣是沈阳水果罐头的销售大户，借助李欣的销售渠道，林楠的水果罐头打开了销路，各地的经销商们纷纷前来订购。现在林楠的水果罐头除了出口以外，产品还销售到东北三省，以及内蒙古、山西、陕西、宁夏、河北、北京和山东等地的罐头市场。

■致富金钥匙

有步骤、有计划地去行事就能将你有限的时间、精力、金钱都花在刀刃上，增加你成功的机会。挖需求——找供应商——讲究包装——激发动力，按部就班去完成，你会觉得没什么，但当你坚持走到最后，你也就成功了。

致富名言

无论哪一行，都需要职业技能。天才总应该伴随着那种导向一个目标的、有头脑的、不间断的练习，没有这一点，甚至连最幸运的才能也会无影无踪地消失。

——德拉克罗瓦

罗曼丽☞"香水吧"中的商机

■创业人：罗曼丽→香水吧起家

香水几乎成了时尚的代言人，不止女士们喜欢，现在男士也开始喜欢，特别是年轻时尚一族，然而却很少有人从中发现商机——利用人们喜欢香水的心理赚钱。可眼下就有这样一个人。罗曼丽不仅在重庆开了一家"香水吧"，还充分利用人们喜欢"留香"的心理，通过给衣服、陶瓷、宾馆等加香，竟然日进斗金，一举赚了个钵满盆满。

■创业历程

罗曼丽的人生经历可谓多姿多彩，布满困难。高中毕业后，她来到了重庆一家餐馆打工。那时，罗曼丽的工作是洗菜、涮碗、打扫清洁之类的杂活儿，每天天不亮起床，一直干到晚上10点多钟才能睡觉。她是一个很有追求的女孩，并不满足于一辈子干这种杂活。她想给自己找一条出路，于是寻思学一门技术。此后，她便在打杂的间隙学起了调制配料。不过，同样是制作配料，老板与她制作的配料却明显不同，味道也有质的差别。为此，她开始专心学起了调配佐料。后来，罗曼丽掌握了调配佐料的要领，又积累了一定的商业经验后，便在家门口租了间门面，开起了"曼丽面馆"。

曼丽面馆面积大约只有7平方米，简陋陕窄，但她将面馆里外都布置得特别清爽卫生。心灵手巧的她多次试验后，将普通的重庆麻辣味道做到了极致。面馆开张不久，就受到了山城"棒棒军"等平民百姓的欢迎，生意好时，面馆一天就能卖出100多斤面粉，月收入1000多元。这在当时来说，可不是一个小数目。她生意越做越好，面馆也一再翻修，她开始寻求更大的发展。然而，就在她憧憬美好未来的时候，1990年，她所在的地段由于城市改造，面馆被拆除了。

后来，罗曼丽又租了家门面，经营起化妆品，可令她没有想到的是此时生意远不如从前。她已经感觉到这样下去不可行，做了一番市场调查后，又改行做起了服装生意，而且这一做就是10年。10年的商海打拼，罗曼丽虽然没有赚到钱，但生意场上的磨砺，却锻炼出了她极强的市场洞察力。到了2001年，重庆南滨路商业街建成并正式对外招商时，罗曼丽感到机遇来了，于是决定转行另行开辟出路。南滨路商业街是重庆的黄金地段，那时，商业街虽然刚刚建成，人流量不大，但罗曼丽料定南滨路一定能够红火起来，故此，决定投资南滨路商业街。

投资什么好呢？这成了罗曼丽最费心思的一个问题。大多数创业者都选择了餐饮、休闲这些稳定的传统项目。可她意识到这些项目竞争非常激烈，估计也难以站稳脚跟，她想做点新鲜的。可是哪种项目既时尚又赚钱呢？罗曼丽把她的想法跟朋友说了，大家都觉得这个行业既前卫又新鲜，市场前景一定不会差。于是，罗曼丽在网上查阅了大量的资料，了解了许多关于香水的行情等等，然后决定投资香水吧。

大胆创新的罗曼丽非常相信自己的分析与判断市场的眼光，她于2002年初毅然以年租金10余万元的价格，租下了一处100余平方米面积的门面。经过一番装修与布置，她风风火火率先开出了全国首家“香水吧”。室内布置得十分温暖祥和，里面摆满了各种各样的香水样品，整个室内洋溢出诱人的香味。“香水吧”主要以年轻的客人为主，她们可以到吧里喝茶、聊天，而且还能享受到香薰的感觉。此外，该吧还给有需求的顾客提供100余种香精和香水原料，可以调配出上万种香气。顾客既可以选择闻香精和香水原料，也可以选择店里已调配好的成品香水，还可以自行调配，只需把选好的香水喷洒在试纸上，再把试纸放在高脚酒杯中，就可以痛痛快快地闻香了。

香水吧刚刚打入市场，大家都觉得十分新鲜，特别是一些年轻人如潮水般涌了进来，几百号人把10多张桌子围得满满的，品味吧里的独特香味……在“香水吧”里，可以品味和欣赏到各种香水和动人的音乐，吧里的最低消费是10元。除此之外，还准备了清茶、咖啡、果汁和红酒等消费品。由于实行的是通宵营业，’香水吧”还备有水果点心。意想不到的是，“香水吧”开张营业的第一天，就进账5000多元。这份惊喜极大地刺激了罗曼丽的热情！ 其实，到香水吧里来消费的年轻人，也有一部分并不懂得自己适合什么样的香水。罗曼丽就会热情地给他们指导，什么性格的人适合什么样的香水，什么场合应该喷什么香水。“比如说，玫瑰香型适合浪漫奔放的女孩；桂花香型适合内敛型女孩；檀香则适合忧郁柔弱型女孩；野百合香适合有叛逆个性的女孩，它能让人充满骄傲独立的另类气质，仿如空谷中的寂寞幽香……”罗曼丽乐意给顾客充当“香水顾问”，同时也给她的“香水吧”赢得了许多客源。可没想到的是，这种火爆的生意仅仅持续了一段时间，她的生意就开始直线下降，不久，10多张桌子通常就只坐着几个人，“香水吧”里显得冷冷清清。

罗曼丽并没有因为她的香水吧受热捧后又倍受冷落而打退堂鼓。她虚心向常来的客人请教原因，客人告诉她，这里的人之所以来得少，不是人们对这里不感兴趣，而主要是知道这个地方的人还不多，还有的就是经营很单调。听了顾客的解释，罗曼丽恍然大悟，她决定改变自己的经营策略，一方面想法去扩大影响，一方面调整自己的经营方式。她坚信，只要人们知道了她的“香水吧”，并了解到这儿的好处，就不愁没有客人来。

为了进一步扩大“香水吧”的知名度与影响力，罗曼丽不惜花高价在当地媒体作广告。当然她的这一招也十分奏效，很快这些宣传就为她的香水吧吸引来大批客人。也使得她的“香水吧”一夜之间就名声大噪。同时，罗曼丽还从网上查阅到，许多公司推出了加香业务，给服装加香，投资少回报快。于是，罗曼丽从北京一科技开发公司邮购了一台加香机，并进回了桂花香、玫瑰香、柠檬香、国际香等一批香料，然后给顾客的服装、饰品加香，每次收费10元。不用花太多的钱，就可以用上自己心仪的香水，许多人慕名前往罗曼丽的“香水吧”。这样一来，罗曼丽的’香水吧”迅速火了起来。罗曼丽再打出“免费闻香”的口号，先把顾客吸引到店里用香水“开开胃”，然后再推销酒水餐食，让顾客在香气扑鼻中大快朵颐。就这样，来“香水吧”的客人多了起来，有的青年还把来“香水吧”品香当作了一种新的时尚生活。罗曼丽的“香水吧”再度火爆后，为了巩固老客人，不断吸引新顾客，不久，她又别出心裁地推出了会员制，规定，所有会员在“香水吧”里消费，一律按8折收费。这样，在她的精心布置下又为她挽留了一批老顾客常来消费。

苦心经营的罗曼丽终于赢来了滚滚财源——“香水吧”生意好时，一个月的收入就能突破10万元。这时，罗曼丽的“香水吧”在滨江路虽然已经有了知名度，但是，还不为重庆众多的大学生所了解。为了把这些大学生也吸引进来，罗曼丽对外承诺，凡是高校学生到“香水吧”来消费，凭高校学生证可以享受八折优惠；每逢周末，“香水吧”则对他们实行10元的消费制，这些措施很快就赢得了大学生们的欢迎。大学生的到来提升了“香水吧”的档次和人气，这些大学生多了后，罗曼丽就从四川美术学院请来了一位教授，重新对“香水吧”进行了精心包装。走进“香水吧”，你不仅能从吧内的壁画、吊灯和吧桌等物品的布置上，感受到一股浓郁的文化氛围，也陡然会升出一种久违的温暖。

成功开辟了学生市场后，罗曼丽觉得如若要将生意做大，那就得把加香做到各个行业中去，市场才会变得无穷大。据罗曼丽计算，如果自己适量买一些加香机，多买一些香料，给每个服装干洗店、汽车美容店等店家一台加香机、一斤香料，教会他们使用方法，让大家都受益，自己再赚取香料费。于是，罗曼丽与北京一科技公司合作，对方以批发价供给她加香机和香料，罗曼丽再从中赚取自己的劳务费。

通过朋友和熟人介绍，罗曼丽又聘请了几个业务员，在她的领导下，把那些加香机和香料都推了出去。干洗店、洗车场、窗帘加工店、服装零售加工店是她们推广市场的重点。罗曼丽的服务非常及时，随叫随到，当场加香，充分保障业务量。同时，罗曼丽在推出这个项目时，还力求把售后服务做到最好。因为，那些客户会带给她另外的生意。在罗曼丽看来，干洗店和洗车场老板既是老板又是客户，他们觉得加香会给他们带来利润，他们就会给你作免费的宣传。罗曼丽的这些经营手段一下子就抓住了客人的心，而反过来，“香水吧”则通过客人的口碑和不断引荐，使其名声越传越远，生意好得简直不能再好，每天的营业额近万元，她不得不又招了十几名服务员前来跑堂。

生意越来越火爆，以前的店面已经不能满足消费者的需要。罗曼丽也不断扩大香水吧的规模，并且进一步想到转租了“香水吧”旁边的一个门面，开了一个集香吧、茶吧于一体，可以聊天、交友、闻香、吃西餐的“闻香吧”。由于“香水吧”紧邻长江，又居高临下，因此，这里自然成为了人们聊天的极佳场所。罗曼丽把“香水吧”改成观景式“闻香吧”后，前来的客人立即就多了起来。

不仅如此，“闻香吧”还提供了一份香水“菜单”，标明闻过什么味的香水应进何种饭菜更有益健康，靠这一招，该店进账颇丰。在那里，你可以听到服务员在这样向顾客推荐：“这款香气中混有锯木屑和野草的味道，我建议您接下来点一份意式牛排。”

罗曼丽并没有就此满足，她正在打算如何开出自己的连锁店，她要把这种“香水吧”推向全国各地去，让更多的年轻人都来享受这种时尚的新生活。一位经常光顾香水吧的人表示，香水吧之所以能迅速在年轻人中风靡，是因为它不受香水品牌的干扰，倡导的是一种单纯建立在香水味道上的“香水文化”，从而赢得了广大消费者的信赖。

最终，罗曼丽凭着自己的智慧与勤劳，通过小小的“香水吧”迅速致富了，日子越过越滋润，创业者羡慕的同时是否可以复制一下她的成功经验呢？

■致富金钥匙

创业路上绝对不可能一帆风顺，这就需要以你百折不回的勇气与信念去维持你前进的步伐。另外，抓住人好奇的心理很简单，但如果要创业，就要多样化，能够持续抓住顾客的心理。在这个追求个性的年代里，大家总期望从平淡的生活中去猎奇，你做出个性，做出特色便能吸引大家。每个人都有每个人的品味与追求，各有所好，而要满足绝大多数人的喜好，研究产品与服务的多样化就成了创业者必做的功课。

致富名言

当你的希望一个个落空，你也要坚定，要沉着！

——朗费罗

谈东升 ☞ 年入百万的玩具商人

■ 创业人：谈东升→玩具代理起家

从57元到年收入百万的谈东升，如今的玩具生意，他越做越红火，规模也越来越大。仅在去年圣诞节期间，谈东升的销售额就达到100多万元，今年圣诞节超过200万元。

■ 创业历程

与许多创业者一样，谈东升的出生也不尽如人意。谈东升在兄弟姊妹八个中排行老六，他从小就想自己做生意，10多岁有此想法。12岁时，因为调皮害怕父亲下班回家后责骂，谈东升向舅父借了20元钱，一路逃票扒车，来到远嫁湖北仙桃的姐姐家。此后，他在仙桃包过砖窑，到新疆开过推土机，到福建做过外贸。最终他败走福建石狮，选择到武汉重新创业。那年，谈东升24岁。

背井离乡，谈东升身上仅有57元钱。抱着做生意的梦想，这个不知天高地厚的男孩儿花30元租了一间房子，便开始在汉正街为了他的创业梦想而闯荡。他开始在汉正街摆地摊，那时候他们还经常为抢地摊位置打架。自从12岁离家出走后，谈东升曾回家待过一年。一次，父亲让他和哥哥将家里种的葱拿到街上去卖。父亲告诉他们兄弟俩，葱的成本是2角/捆，让他们拿到街上卖5角。哥俩到市场后，分开选了摊位。谈东升以3角/捆的价格很快将葱卖完了。哥哥却非5角不卖，结果一捆也没卖出去。年幼的谈东升并不知道这是“薄利多销”。谈东升最初在汉正街摆地摊时，成本5分的钢丝球，别人卖1元两个，谈东升卖1元4个，一个虽少赚2角5分，销量却数倍增长。谈东升意识到虽然不同时间，卖的东西不一样，但做生意的道理却是相通的。

慢慢谈东升在汉正街也站稳了脚跟。他的生意人潜质开始慢慢释放出来，每每在关键时候他都能出奇制胜。1999年夏天，有一种叫“跳跳娃”的玩具风靡武汉三镇，汉正街很多商家抓住了这个商机，大赚了一笔。虽然反应有些滞后，错过了最佳时机，但谈东升没有放过这次学习的机会，风风火火地赶到浙江义乌“跳跳娃”的生产厂家，进行实地考察。玩具往往是“一阵风”。此时，“跳跳娃”在市场上已出现明显滞销。“出厂价也在不停地跌，每天一个价格”。谈东升认为，趁便宜进一批货回去能赚一笔。留守的妻子很清楚武汉市场上的行情，“商品已经饱和，并且大量滞销，汉正街多数商家已经开始向义乌的厂家返货，这个时候怎么能进货呢？”谈东升有自己的想法，“武汉已经火过了，但下面的地市应该有一个滞后效应”。他还是背着妻子，运了几车便宜货回武汉。这时，汉正街市场上几乎已经没有了“跳跳娃’，而”跳跳娃”在二三级市场的火热如期而至。一时间，偌大的汉正街只有谈东升有货，几车货迅速卖光。虽然错过了第一波行情，但谈东升在最短时间内赚得比谁都多。这也是他生意头脑的反应，眼光独到的收益。

可喜的是在谈东升店里打过货的人，几乎都会成为他的固定客户。谈东升认为这些老顾客才是他最大的财富。不管谁到店里来打货，谈东升总会很坦诚地给客户一个合理的价格，并且劝客户先到其他的店里看看价格，“货比三家不上当”。他能这样做，是因为他对自己的产品、价格和进货渠道有信心。多数商品，他有把握做到全汉正街同行业价格最低。他常常挂在嘴边的话是：想发财就去找优质供货商！钱不是一次赚得完的。“从我的手中绝不会轻易放走一个大客户”。对待大客户的生意，他就像对自己的生意一样关心。总是不定期地给客户打电话询问对方近段时间的经营状况，并且教客户一些经营的方法，及时告诉他们来自市场上游的情况，让他们及时调整战略。

当时，汉正街有成千上万家商铺，商品同质化严重。整个汉正街像谈东升一样卖喜庆礼品的就有近 60 家。同样大家都是做礼品，谈东升希望有不一样的做法。他不太喜欢与终端接触，因为这样会带来账款难收的问题。在他看来，出路在规模经营上，他希望能够成为汉正街商户的供货商。目前，他公司的规模是湖北乃至华中地区最大的喜庆礼品同行中最大的。这得到了同行张老板的认同，“他的确是汉正街喜庆礼品扛大旗的”。仅在去年圣诞节期间，谈东升的销售额就达到 100 多万元，今年圣诞节超过 200 万元。

谈东升的规模越做越大，现在他的吉利礼品公司成为全国多家礼品品牌在湖北的总代理。拿到总代理权才是他最大的“王牌”。由于掌握了大量的进货渠道，如今汉正街市场的多数礼品商都是他的客户。

谈东升创业成功了，但他还有更长远的打算。他要将他的规模做到更大，更全面。他说在以后的几年里，他要开办自己的工厂。他要学习浙江义乌小商品市场，打造自己有市场竞争力的品牌，争取将汉正街的小商品打入义乌市场。

■ 致富金钥匙

一步一个脚印，谈东升57元在汉正街从摆地摊开始，他通过儿时卖葱头的事件触类旁通，找到经商的方法，卖钢丝球和卖葱在他眼里就是一个道理。眼光独到，出奇招将过时商品卖出好价钱。收卖人心，教人做生意留住核心客户。为了易收货款，他说规模经营要做就做总代理。

致富名言

天生我才必有用。

——李白

谭碧辉 ☞ 五趾袜引领财富路

■ 创业人：谭碧辉→五趾袜子店起家

谭碧辉在珠海市前山明珠南路有一个袜子店。这个店只有10平方米，小小的面积，卖的是小小的袜子，而且不是寻常的袜子，是市面上不很常见的品种五趾袜。就是这样的一个小店，卖这样薄利的一个冷门商品，每个月带给店主的收益却超过万元，以致让周围很多精明的商人都大跌眼镜，感到不可思议。

■ 创业历程

许多创业者都是打工者，辛辛苦苦赚了一些钱后，会很有感叹地觉得打工不如自己做个小老板。谭碧辉更是如此，他在珠海打了几年工，攒了一点钱，就想自己做生意。但是，做什么生意她却拿不定主意，问周围的朋友，也没有一个人拿得出一个准主意。在这种情况下，谭碧辉只好自己想办法。最后她看中了袜子专卖店，并且将目标瞄准了那种能将脚趾头分隔开来的五趾袜。这种袜子有一个好处，就是因为将脚趾分隔，使人不容易沤脚，犯脚气。广东那个地方温暖潮湿，患脚气病的人很多，这是一种迎合市场需要的产品，却因为不够时尚，同时没有人肯下力气去推广，以致在偌大的珠海想找一双五趾袜简直比登天还难。谭碧辉就看准了这样一个机会。

创新的东西往往会令人觉得不可思议而反对，也正因为不可思议而得到消费者的青睐。同样的，在谭碧辉有了这个卖五趾袜的决定后，遭到了朋友们几乎一致的反对，他们的理由是：第一，从未听说过有什么袜子专营店；第二，像袜子这样一种薄利小商品，得卖多少双，才能将店钱赚回来？但是谭碧辉打定了主意，不为所动。她的店很快开张了，第一次就从浙江义乌进了 1 万双五趾袜，每双的进价在 5～10 元，这批货加上租赁店铺和装修的花费，不但用光了她所有的积蓄，还负了一部分外债。然而，一开始生意却十分不景气，有些冷言冷语开始在谭碧辉耳边绕来绕去，什么“不听老人言，吃亏在眼前”之类，但谭碧辉坚持了下来。到第二个月，她就开始赢利，赢利虽然不多，只有区区 1500 多元，然而却展现出了一个好兆头。此后的经营虽然不时仍旧会有些磕绊，但总的来说比较顺利。现在谭碧辉靠卖五趾袜，每个月可以稳定获得上万元的收入。对一个小本起家的创业者来说，这就是一笔了不得的收入了。非但如此，现在谭碧辉的五趾袜已经进入了细节经营的境界，冬夏天有冬夏天的袜子，春秋季有春秋季的袜子，质地、款式各有不同，深受消费者的欢迎。走创新路线，如果你看准了市场就行动吧。别因为别人的眼光或反对而放弃了自己的决定。

■ 致富金钥匙

在物质极大丰富的同时，精致主义开始大行其道，消费者追求的是个性与品味，经营者可以应对的就是专营与分割。拿穿着来说，全，时尚的不再是从头到脚式的齐全，而是或头全（帽子），或身全（内衣、外衣、毛衣），或腰全

（各式腰带），或手全（各种手套），或腿全（各式裤子），或脚全（袜子或鞋子），而无论是头、身、腰，还是手、腿、脚，又都可以切割出无数的细节。无论你做哪一个细节，只要做得到位，就都会有钱赚，而且通常情况下，现在的这种“小”而全比过去的那种“大”而全要赚得更多。

如果作为创业者的你也想到了利用创意小商品来成就你的事业，你就必须注意到经“切割”后的商品会变得比较“小”，因为单个商品的附加值都不高，利润也会相对比较“单薄”。所以，这里还有几点需要提醒创业者的：第一，花色品种要全。谭碧辉店中的五趾袜有数百种，人们不会为了买一双袜子专门跑一趟你的商店，人们购买此类小商品大多是集中性购买和批量性购买，你需要让消费者有选择的余地。第二，此类店大多属于小投资，小本经营。店铺较小，不易引起人们的注意，所以需要特别重视宣传。谭碧辉在经营过程中都想了很多办法对自己的商店进行宣传，才使经营很快从最初的困境中走出来。另一方面，此类店因为独具特色，很容易引起新闻媒体的注意，可加以利用，必要时可主动与新闻媒介取得联系。第三，小商品的流行风尚瞬息万变，所以进货时要注意多品种、小批量，以免造成积压，使资金周转成为问题。

致富名言

由预想进行于实行，由希望变为成功，原是人生事业展进的正道。

——丰子恺

熊铭霞☞花泥画带来的商机

■创业人：熊铭霞→花泥画起家

1998 年初，熊铭霞第一次接触到花泥画，并敏感地意识到花泥画里蕴涵着无限商机。从此，她与花泥画结下不解之缘。2000 年初，熊铭霞来到深圳创业，如今在全国各地拥有 3 家特许专营店、180 多家直营店和 700 多家促销店。

■创业历程

1982 年，16 岁的熊铭霞从家乡只身到武汉闯荡，十年间她涉足过的行业无数：幼师、零工、摆地摊、保姆等。一路辛酸走到 1993 年，熊铭霞已积攒下近十万元资本。在当时的许多女孩子眼中，成功得足以令人羡慕。然而，她已不满足于经营“小本生意”，就与几个朋友合伙开公司，代理湖南的一个品牌保健酒。当时每人出资 8 万，开始大张旗鼓地装修门面，推广宣传，在商场租铺位，甚至还买了一台当时价格不菲的七喜牌电脑。

创业前期总是艰难，也经常会有许多意外发生。令熊铭霞没想到的是一个合伙人卷走了所有的投资款。这也令熊铭霞陷入了绝境，商场里的货一时间不可能全卖掉，供应商又追着熊铭霞讨要货款。走投无路的情况下，熊铭霞一咬牙把所有积蓄都投了进去，结果血本无归，还欠下亲戚朋友几万块钱。等到公司清算完毕，熊铭霞发现十多年辛苦赚来的钱短短几个月内都打了水漂，只留下那台电脑和一屁股债。

有了这次失败创业经历的熊铭霞，对商机的捕捉变得更加敏感。1998 年初，熊铭霞从一个新加坡归国的朋友那里第一次接触到花泥画。她立刻敏感意识到花泥画里蕴涵着无限商机，并开始对花泥画的原料、制作工艺等进行深入研究。功夫不负有心人，心灵手巧的熊铭霞在几个月的时间里很快摸熟了花泥画的制作流程，只是把握不好图画比例。熊铭霞想起自己曾在一位老教授家做保姆，在这位老教授的帮助下，她终于克服了一个个技术上的难题，制作出大批手工精美的花泥画作品。“做出来的画总不能只摆在家里看，得卖掉换成钱啊。”熊铭霞又一次想到了创业。她再次想到了广东，并选择了深圳。她认为，深圳是沿海城市，又是改革开放的前沿，接受新事物必定很快，花泥画的销售应该不成问题。2000年初，熊铭霞带着简单的行李和那部相伴多年的电脑，搭上了南下的火车来到深圳，准备为她的创业之路开始做铺垫。

因为资金问题，熊铭霞的装备很简单，她买了几块板和一些原料，租了一个小房间，在里面做起了花泥画。做成后，熊铭霞就在附近的学校门口摆起了地摊。因为没有钱办执照，熊铭霞每天被小区保安撵得到处跑。到深圳火车站，熊铭霞身上只剩下400多块钱，只好借宿在老乡家中。过了两天，内地的朋友向她介绍了在深圳工作的高德甲，在他的帮助下，房东同意不收押金，以月租1800元的价钱把房租给她。有了落脚的地方，熊铭霞买了几块板和一些原料，在家做起了花泥画。做成后，熊铭霞就在附近的学校门口摆起了地摊。还是因为没有钱办执照，熊铭霞每天还是被小区保安撵得到处跑。不得已，熊铭霞只好打起了游击战，福莲花园、莲花山公园、儿童公园，这些都是她当年打拼的“阵地”，一辈子都忘不了。

几个月后，熊铭霞打听到国际商品贸易大厦里的小铺面每月只要700元，于是她就在大厦5楼租下一个不到10平方米的工作间，在旧货市场花100元买了一大一小两个桌子，加上第一次生意留下的那台电脑，熊铭霞花泥画艺术中心就这样成立了。为了扩大业务，熊铭霞招了两名女工。画做好后，两个女孩子都嫌摆地摊卖画丢脸，熊铭霞只好一个人去。时间长了，大家都称赞熊铭霞做的花泥画漂亮，生意也越做越好。熊铭霞想到个不用摆地摊、又能卖出好价钱的点子，她将作品找人装裱后拍成照片，推销给一些画廊和酒店。

每天做画卖画的熊铭霞饱尝了辛苦，她从书本里不断拓展营销思路，找到了推广技术的另一种方式。一个念头闪现在她的脑海里，“既然摆地摊卖花泥画都能赚钱，推广技术为什么不行？”于是她又租下了大厦5楼的第二间门面，把它设置成展厅。熊铭霞开始写宣传单到处散发。当时每天都有很多年轻人来大厦找工作，再加上宣传的效果，开始渐渐有人找上门。熊铭霞以讲课的方式向他们介绍花泥画的市场潜力。“可能那些年轻人都想找一份稳定的工作，并不想自己冒险创业，再加上看到我那间小得可怜的工作室……最后没有一个人肯留下来。”技术推广得不到人家的认可，见效很难。那个时候她的压力特别大，很多时候，只有一台收音机陪伴着自己，每天饿了就吃包子、水饺，“我现在很讨厌吃水饺了，就是那时候落下的病。”2000年6月，熊铭霞开始贴广告招兼职，帮忙调颜料、填泥。每个兼职每月300～500元。由于生意越做越大，熊铭霞最高时招了30多个兼职。

终于，过了一些时日，招来了熊铭霞的第一单生意。一个本想做兼职的湖南长沙破产厂长听完熊铭霞的产品介绍后，眼睛一亮，不说二话，当即掏出1500块钱要求跟熊铭霞“学技术”，表示回湖南也开一家花泥画店。熊铭霞当时十分兴奋，“从那时开始，我才算赚到创业生涯中的第一桶金。”因为比起卖画，推广手工艺技术赚钱更快，效果也更好。

有了第一次，第二次、第三次的成功尝试甜头后，熊铭霞的花泥画也逐渐被人们认可、接受。随着名气的越来越大，短短一个月时间，她仅仅靠收学员、教技术就赚到近6000块钱。熊铭霞随后建立起自己的花泥画制作网站，通过网络媒体进一步扩大生意。在她的教授下，许多下岗女工都重新找到了创业的天地，甚至事业发展得非常好。一名叫张燕的下岗女工学习了花泥画的制作技巧，回到呼和浩特开了一家“花泥画廊”，一方面教孩子制作泥画，另一方面又出售花泥装饰画，开业3个月就赚到了两万多元。成功的例子吸引了更多的人加盟熊铭霞花泥画艺术中心，公司的发展蒸蒸日上。2002年，熊铭霞的花泥画艺术中心年收入达到了400万元。不得不感叹，这些都是因为她的努力，她的坚持。

随着业务的不断扩展，熊铭霞也慢慢接触了许多老板，还结识了一些欣赏花泥画的老外，她的视野不断开扩，也慢慢意识到需要扩大市场。由于花泥画比较适合幼教，在朋友的介绍下，一位客户将原料带到了香港，后来又发展到新加坡、菲律宾和美国。目前，花泥画出口部分已占到熊铭霞公司总产值的10%。经过反省，熊铭霞感到自己的产品太单一。中国的手工艺术种类繁多，不仅仅是花泥画。熊铭霞开始探索开发其他的手工产品。她每天背着一个小包，逛商场、溜达路边小店，有什么新鲜的手工制品或已有产品的新样式，熊铭霞都会买下来，回家仔细研究，连酒店里的装饰品也不放过。看到公园里美丽的花朵，熊铭霞也会用相机随手拍下来，回去沿着花型画画。渐渐地，熊铭霞的产品越来越丰富。除了花泥画以外，纸艺、水晶花、手工皂都已经成为十分成熟的项目，目前还在开发水晶泥、纸偶和手工编织。用熊铭霞的话来说："社会流行什么，我就做什么；市场需要什么，我就开发什么。"她认为艺术必须与市场需求完美结合起来，企业才能不断发展下去。

■ 致富金钥匙

心中有了一个目标，一直朝着这个目标不断创造努力的条件，认定了死理，你就能战胜一切。站稳脚跟后，立即多元化发展也是门面扩大，继续决胜于商场的必杀绝计。

可以这样说，当一个人认定了死理，朝着一个方向迈进时，所有的艰难险阻都会为之让道。把所有的时间、精力、金钱都放在那上面了，遇到困难了，只需要某一刻，某个条件被创造或者某个人员的加入便会令一切得到化解，当你调用所有的一切资源去完成这一步的时候，那些困难就显得微不足道了。

致富名言

经营企业，是许多环节的共同运作，差一个念头，就会全盘失败。

——松下幸之助

徐波、张勇光☞移形换位的特产成为聚宝盆

■创业人：徐波、张勇光→家乡特产起家

徐波、张勇光从身边出发，从生活出发，利用家乡特产成就自己事业的成功故事，我想应该会给许多正在寻找创业途径的人们提供些许帮助与启发。

■创业历程

赴外地打工的人越来越多，虽然身处外地，但总是思念着家乡的一切。许多人借着家乡的特产来怀念老家的味道。徐波是湖南到广州的打工仔，张勇光是他的朋友。他们就是借此机会开始了他们的创业之路。

2002年的一天，两个人坐在一起商量，觉得长期这样打工下去不是个出路，同时看着周围很多老乡因为做生意，不大不小多少都发了点儿财，两个人有点心动，就想自己也做点生意。但是两个人都没有多少本钱，做什么好呢？想来想去，徐波说，广州有很多湖南人，也有很多湘菜馆，但是馆子不是所有人都下得起的。像我们这样的打工仔不必说，一天赚几个钱还不够吃饭，哪儿有钱下饭馆？有些做生意的老乡虽然手头宽裕一些，但是偶尔下下馆子没有问题，经常下馆子的话，可能也不太容易。对于大多数人来说，多数时间还是得自己在家里做饭吃。湖南人的口味比较特殊，做饭用的原材料也比较特殊，而且湖南人比较认死理，乡土观念较重，而广州看不到专门经营湖南土特产的商店，如果我们做这一行，说不定会有钱赚。

只要你愿意想，商机总还是可以找到的。两人说干就干，第一步当然是进行市场调查。他们需要了解在广州到底有多少家像他们想像之中的这种家乡特产店。果然如他们所料，除了在一些大小超市有些湖南来的零星杂货外，广州的大街小巷真的是看不见一家专门经营湖南土特产的商店。调查的结果让两个人大为兴奋。不久，两人合伙投资10来万元的湖南杂货店在广州大道南方日报社附近正式登场亮相，商店取名为“湖南味道”。两个人虽然钱不多，但为了不

让人误认为自己是随时会飞掉的“野鸡小店”，痛下决心花 1 万元请广州书画界的名家李华白题写了“湖南味道”四个字的招牌。招牌挂出来，厚重的墨迹果然让人肃然起敬。

专业、特色是最重要的。徐波和张勇光的店里，处处重点突出的全是“湖南味道”。所售货物都是地道湘产自不必说，连员工都是非纯正湖南人不用。走进徐波和张勇光的店里，触耳一片“湘音”。湖南人爱嚼槟榔，不停嚼着槟榔的老板看见顾客进来，会问你要不要也来上一颗。几乎没有经过什么曲折，徐波和张勇光的小店从第一个月就开始赢利，如今“湖南味道”在广州的湖南老乡中不说也人尽皆知了。也许你也是来自外地的打工者，也许你也刚好看到了此篇，那么从他们两人的创业故事里，你会有什么收获呢？

■ 致富金钥匙

中国之大，幅员之广，不同地方人们的口味、饮食风俗大为不同。如果你远离家乡，不论你身处哪个地方，那里同样有许多你家乡来的人。在这种情况下，开土杂店，经营家乡土特产，为远离家乡的家乡人以廉价、方便的形式解决口味问题就有了巨大的市场空间。这是徐波和张勇光的“湖南味道”能够迅速取得成功的先决条件。像这样利用乡情来赚钱，不仅限于餐饮、土特产，其中可供开发的利润点很多，利润空间很大，如组织家乡同胞联谊会、为初到本地的家乡同胞提供各种咨询和资讯服务、为家乡产品打开本地市场提供服务、为家乡到本地办事的人员提供住宿、向导、关系疏通服务等等。杭州有一个叫蒋念来的人，就是依靠在杭州开办面向淳安老乡的小旅馆，为来杭州办事的淳安老乡提供住宿和交通服务发了财。随着国内人口流动的加剧，这个市场将会越来越大。创业者不妨也从此中考虑捕捉适合你的商机。

当然，如果你想做此项，你也想到了家乡特产的市场商机，那么请你再接着认真看下去。我们这里还提出几点需要创业者注意的事项：

第一，选择产品时，地域特色要浓。地域特色浓，才能引起其他地域消费者的足够重视和兴趣。

第二，以中低价商品为主。一件商品在这个地方是人们很熟悉的东西，甚至是日常消费用品，换个地方则成了人们不熟悉的新东西，成了情趣商品或享受型商品。这类商品大多属于可有可无的商品，而中小投资者或创业者大多没有足够资金去打广告或做推广，以唤起人们消费的欲望和热情，在这种情况下，如果商品价格较高，则不易为人们所接受，难以在短时间内打开市场。如果将市场培育期放得过长，中小投资者和创业者在资金上一般又难以支持，所以，以中低价商品为主，是符合中小投资者和创业者的实际情况的。

第三，重视质量和信誉。对于土特类产品经营者来说，因为销售对象大多是老乡，家乡的东西他们很熟悉，很容易品出产品的地道与真假，另一方面，因为大家都是老乡，老乡之间乡土乡音亲密无间，这是优势，同时，大家知根知底，只要有一点疏忽和服务不到位，坏名声很快就会在一个封闭的圈子里传得尽人皆知，生意将彻底垮台，很少有挽回的机会。如果主要消费对象换成了当地人，他们本来对你销售的商品就不熟悉，怀着疑心，就更要重视商品的质量和信誉。

致富名言

一个人事业上的成功，只有15%是由于他的专业技术，另外的85%要依赖人际关系、处世技巧。软与硬是相对而言的。专业的技术是硬本领，善于处理人际关系的交际本领则是软本领。

——卡耐基

曾勇 ☞ 闯出连锁水晶致富路

■创业人：曾勇→卖水晶起家

出身贫困的曾勇，靠勤工俭学得来的生计，经过多方磨难，始终坚持一个信念，最终凭借他的勤奋与坚持获得了可观的财富。

■创业历程

因为需要钱，所以想赚钱，因为想更快、更直接地赚更多的钱，所以会想到创业。曾勇来自益阳一个贫困农家，自幼饱尝生活的艰辛。家境贫寒的他不得不依靠从校门口摆地摊卖玉石的老人家手里进货到校园推销这种勤工俭学的方式来解决自己的生活费和学杂费。1996 年毕业后，曾勇怀着对生活的美好憧憬踏入社会，怀着对生活的坚定信念，怀着到城市寻梦的理想，他怀揣着身上仅有的 16 元钱翻山涉水逃票来到长沙，开始他艰难的创业之旅。

万事开头难。况且一个没有社会经验而又经济不富裕的年轻小伙子，还只是初到长沙。曾勇当时是非常艰苦的，他借住在一个在宾馆做事的同学那里。白天四处去寻找工作，晚上就睡在宾馆的地毯上。无数次的拒绝，曾勇始终无法找到一份满意的工作，来解决自己的温饱问题，他不得不重新开始摆地摊做玉石推销来维持生计。在湘江桔子洲尾这个住满了擦皮鞋、踩三轮的“贫民区”，曾勇花 110 元一月租了一间小房子，好几次到了月底，因不能按时交租而被房东老板把被褥铺盖扔了出来。生活的窘迫使得他常常只吃一顿饭。每天他骑着那辆 40 块钱的自行车风雨无阻地满长沙转悠，一家又一家办公室地去推销，一次又一次地被赶出来，但他从不放过任何一个可以赚钱的机会。正是这种永不放弃的执着精神，渐渐地积攒了一些资金。

1998 年，曾勇在长沙黄兴路找了一家 3000 元一月的店面。他用积攒的钱交了押金，四处奔波说服批发商赊货，花 200 元买了一个废弃的玻璃鞋柜摆在店内，简单装修后，曾勇第一家水晶玉石店开业了。

凭着他的努力与干劲，凭着他之前积累的那些小技巧经验，很快他将店里摆满商品。加上曾勇多年摆地摊搞推销练出来的销售经验，他不怕辛苦的势头，他的水晶玉石生意也像模像样起来。他白天不停地向顾客解说产品知识，中午就吃一个盒饭，晚上打地铺睡在店里的地板上。虽然很苦，但他一点也不觉得累。当时国内玉石行业良莠不齐，大多数消费者缺少鉴别真假玉石的能力，于是很多商人以假乱真，谋取暴利，“三天不开张，一开张就吃三年”。但曾勇总是很真诚地面对每一位顾客，人品和玉品一样好，价钱也很公道，渐渐地拥有了一些老顾客，他的生意也就好起来了。但正当曾勇雄心勃勃想放开手脚想大干一场的时候，一次毁灭性的打击从天而降。那是 1999 年 4 月的一个晚上，因为没有住在店里，他的店除了一棵体积庞大的玉葡萄树没被偷走外，其余商品都被小偷洗劫一空，直接损失达 2 万多元。这场劫难意味着曾勇 3 年的辛苦创业成果付诸东流。对于一个白手起家、靠点点滴滴累积的农家少年来说，这种打击让人一时难以承受。痛定思痛之后，曾勇迅速整理思绪，利用剩余的资金让他的水晶玉石店再次开业了。他决心用自己永不言败的执着重新点燃起事业的火炬，只要不放弃就有希望成功。

营业的一天，一位 70 多岁的老奶奶从层层包裹中取出一只手镯，说是儿子在外面出差花了 700 多块钱买来孝顺她的，她舍不得戴，要曾勇辨辨真假。当然，曾勇一看就知道，这只是一只假货，最多也就值几十块钱，但她确像宝贝一样藏起来舍不得戴。这件事让他非常震惊，彻底冲垮了他那因贫穷而狂热地想赚钱的激情，良心在这一行业中显得尤为重要。曾勇也觉得很悲哀，在物质文明和精神文明高度发展的今天，人们怀石拥玉的梦想还是不能实现。于是，一个传播玉石文化、做平民化、百姓化、大众化珠宝连锁的大胆设想也就诞生了……

曾勇一直觉得满足大众需要的商品才是好商品，在分析研究后，他更加明确了自己的销售群体，他将时尚女性群体作为目标消费者，选择了当时在批发市场里，淹没在玉石中不被商家和顾客看好的水晶。以水晶产品为主打，并且只做专业产品，力求填补市场空白，而不是眉毛胡子一把抓，贪大求全。

这个雷厉风行的小伙子总是说干就干。2000 年初，他在长沙中国城四楼租了一个十来平米的小单间，墙上面挂满了水晶饰品。一张办公桌、一部电话、两三个员工如此而已他就开始了新一轮的创业历程。凭着对产品的了解，他在开店卖产品的同时开始自己加工、编织一些水晶项链和手链。为了更好地推销产品，曾勇背着一个大包，手里拿着样品挨门挨店去推销。因为没有经验，产品款式不够新颖，包装不够漂亮，虽然他满怀激情地去推销却没有一个老板肯进他的货。每天早上，他满怀希望地出去，晚上却垂头丧气地回来。一次次的被拒绝以后，曾勇使出了最后一招：找人代销，卖了再给钱。他从长沙出发，去了重庆的綦江、万州，又从重庆去了成都，从成都跑到昆明，从昆明到了贵阳，从贵阳跑到南宁……一路上吃住都在车上，脚一着地他就去推销。曾勇一家一家店去跑，一家一家店去推，他就是不信，自己的产品没人要；他就不信，自己做不出一番成绩，得不到社会的认可。功夫不负有心人，曾勇的诚心终于打动了几位跟他一样想创一番事业的年轻人。终于，水晶坊第一世界创业实验室外省连锁店在成都武侯祠开业了，紧接着又在重庆綦江开了第二家水晶坊店，曾勇自己也不再受一家店面的局限，而是放宽眼界有声有色地经营起十几家店面。就这样，各个店面统一外观形象、统一经营模式、统一供货渠道、统一零售价格、统一广告宣传、统一促销活动的水晶坊连锁经营模式初见雏形。

白手起家的曾勇深深明白创业的艰辛，资金的短缺不知道难倒了多少意志坚强的人。所以曾勇提出水晶坊不收取技术培训费和特许权使用费的优惠政策。3 到 5 万块钱的投入，就可以让创业者拥有一家水晶坊店。曾勇决定尽自己最大的努力来帮助每一位跟他一样想创业成功的人。对于资金有困难的下岗工人，他采取全程支持的免费铺货政策，根据不同区域的客户出示科学的投资分析指导选址和统一装修，传授经营诀窍和开设专业的培训课，最大化降低投资风险；为创业者提供更便捷的物流配送，制定科学的价格体系和不间断的产品研发，帮助他们增强市场竞争力；公司总部提供一站式配送，降低了加盟商的进货成本，提高并保障了加盟店的营业利润；让每一位创业者直接分享总部经过长期市场实践总结的经营模式、管理经验。就这样，一家一家的店开起来了。许多下岗工人、待业青年通过水晶坊事业改变了他们的生活。这几年来，有近 800 人创业成功，月收入均在 5000 元以上，有 100 多人月均收入超过 15000 元。公司从原来长沙的几家店发展到今天遍布全国的 700 多家店。水晶坊公司也由创业初十几个平米的小作坊到现在几万平米的办公场地、现代化工厂。

在帮助每一个创业者成功创业的同时，水晶坊事业也获得了巨大成功。2004年12月，水晶坊公司参加了团中央和国家劳动部在武汉举办的首届中国青年创业洽谈会，并且在全国几百个参评项目中脱颖而出——“水晶坊”项目荣获全国“创业项目金奖”，2005年3月被评为“2004～2005年度消费者信得过品牌”；曾勇本人于2005年3月获得第四届“全国优秀进城务工青年”的殊荣；2005年12月，公司的另一品牌“金玉堂”项目在浙江台州获得了全国创业项目银奖……

几年下来，曾勇和他的水晶坊连锁体系一直坚持着“追求卓越、奉献美丽”的企业宗旨和“诚信服务、传递价值”的服务理念，把实现珠宝平民化、百姓化、大众化作为公司的长远目标。2005年底，曾勇在湖南宁乡购买了30多亩地，筹划投资3000多万兴建一座现代化的宝石工业园。曾勇计划在全国再增开800～1000家宝玉石饰品专卖店，再帮助1000人成功创业，解决5000人以上的就业问题。让全世界热爱自由和平的人们都可以购买到由中国生产、制造的水晶珠宝饰品，让水晶坊品牌跨越国界，走向世界……

■ 致富金钥匙

要做就做自己熟悉的行当，有经验，有体会，方便你更好地把握。做了就一定要创新，做出自己的风格，找到属于自己的那条路。曾勇想到了水晶饰品做连锁，挫折失败击不垮。那么你又想到了什么呢？

熟悉可以令你在创业路上走得更加镇静、有序，你可以更好地处理所遇到的困难与陷阱，但仅此是不足以成功的，这些都仅仅只是皮毛。更重要的是，在你熟悉的领域上不断创新、拓展、多样化，寻找最优化的那条路，创业路上是需要不断改进，才能生存下去，才能有利可图的。

致富名言

克勤于邦，克俭于家。大意：在国家事业上要勤劳，在家庭生活上要节俭。

——警言

张民航☞借鸡下蛋，无功受禄

■创业人：张民航→无本生意起家

从顺船拿回的海鲜带子掘取第一桶金，到海马干，再到树上的红豆，这些免费的资源却为张民航带来了巨大的财富。他说，做生意就是要做无本生意！

■创业历程

每个人创业聚财的道路都不同，不过最令人羡慕的一定要属无本受利。这里要介绍的故事就是如此。

张民航台大电机系毕业以后，出去找了一份与此专业相关的工作。在远洋轮船公司负责维修，他需要经常跟船出海，走过很多地方。有一次，船停在了美国的佛州港湾，那时候，当地的美国人是不太吃鲜贝（带子）的，捕鱼的船往往留下鱼，那些一起捕捞上来的超大号的带子就扔掉了。可那样大的带子在台湾卖得很贵，是极品海鲜，就这么扔掉实在可惜，于是他说服那些渔民把带子送给他们。他们收集了一大船的免费带子，运到台湾卖了好价钱，这笔无本万利的生意让他赚到第一桶金，也就是从那时起，他爱上了佛州，他决定将来一定把家安在这里。

后来张民航随船航行到墨西哥某个港湾，那个港湾盛产海马，他发现当地人并不知它的价值。看到小孩子们从水桶里捞出海马互相丢着玩。张民航灵机一动，他给那些孩子们一些零食，让他们把海马晒干了给他，因此，他收集了一大批运回台湾。海马是名贵中药，他又赚了一大笔。

曾经，张民航听说一个朋友在非洲开冰棒厂，并且说那里钱很好赚，他只是一笑置之。那天他们的船航行到了非洲的一个港口，他和船员们下船，坐在一棵树下休息，一阵微风吹过，红色的树籽噼噼啪啪地吹落到地上。他仔细观察这些红豆豆，只见它们玲珑剔透，红润可爱，有趣的是它们都是心形的！他忽然来了灵感：这些树籽不就是非洲的红豆吗？它们比中国红豆还要像，因为他们是心形的呀！如果能带回台湾，做成手工艺品，卖给恋爱中的人肯定大受欢迎。说干就干，张民航想到这里，找来一位当地人，问他如果帮他收集这些红豆需要多少报酬，那黑人用奇怪的眼光看着他，觉得这个中国人好奇怪，要这些没人要的树籽干嘛？就说要几袋面粉。张民航真的送给他面粉，他就把这些树籽扫了好几大麻袋，让张民航运回了台湾。果然不出所料，这些红豆饰物销路很好，而且因为是二次加工的产品利润更高。这一次张民航赚得很多，他决定不再随船出海，四处漂泊，移民到美国，在中国人不多的佛州扎下根来，做餐馆和房地产生意。他没有和其他中国人一样开中餐馆，而是开了日本铁。餐馆里那个耍刀的师傅就是他找来的一个洗碗的越南男孩，他把这个本来只会洗碗的男孩精心培养成了会耍刀还会讲笑话的铁板厨师。他总是做着别人意想不到的事情，而往往又收获了意想不到的成功。

同样的结果，张民航在那个亚洲人很少的地方，餐馆走高档路线，以低成本高价格的经营策略，成为当地名人经常光顾的著名餐馆。再加上美国的房地产近几年长势喜人，他早年买下的旅馆、公寓都升值不少，让他赚得荷包鼓胀，再一次丰收。

■ 致富金钥匙

每个人存在的环境周围都有许多免费的财富资源，关键就在于你懂不懂挖掘。没事多审视，没准哪天你就能找到创富的点子。

大自然给了我们很多免费的资源，人类本身也漠视了许多可贵的宝藏，许多时候，只要你睁开你的双眼，善于用你的大脑去思考，许多东西其实稍作加工与包装，赋予它意义，它便成了宝物，它便有了价值。创业者们不妨环顾四周看看有多少你可以利用的，有多少你可以加工的，你只需寻找到一二即可。

致富名言

人无横财不富，马无夜草不肥。

——《增广贤文》

张新凤☞干包菜带来的身价飙升

■ 创业人：张新凤→小饭店起家

生活所迫的张新凤，工作时由于跌下楼，瘫痪在床长达一年多，后来主动要求下岗自谋求生门路，经过多翻波折后，她开始研制自己的新菜，最后由一道干包菜打红了小店的名声。

■ 创业历程

经历不幸反而越来越坚强的女人很多，而张新凤就是其中一位值得称道的女强人。1990 年 4 月 28 日，张新凤正在给小朋友安放棉被，由于重心失控，她一下子从二楼摔到了一楼，导致第一节腰椎骨折、腰大肌扭伤。张新凤由此瘫痪在床长达一年多，生活起居完全靠家人照顾。1993 年，企业搞改革，张新凤主动下岗，自谋出路。

说干就干，张新凤在麻纺厂门口租了一个 90 多平方米的店面开始了她的创业征程，启动资金 600 元，开起了一家小餐馆，命名为：新凤小吃店。她自己既是老板，又是服务员、采购员和厨师，店里既做早餐、中晚饭，也做夜宵。不出几个月，张新凤累得全身都浮肿起来，可是生意并不景气。一年后，她试图将店面转让出去，可一直无人问津，幼儿园又回不去了，张新凤一下子陷入进退两难的境地。

祸不单行，好事多磨。也许是上天在考验，也许是给她的磨炼功课，1997 年 9 月 28 日，张新凤又遭遇了另一场劫难。她搭同伴的自行车去菜市场买菜，被一辆突然冲来的三轮车猛地撞上，再次造成她第四节腰椎骨折。她当场晕倒在地，动弹不得。尽管肇事司机愿意出钱让她住院疗伤，可经验告诉她，这种严重腰伤如果住院，至少得躺上半年至一年，那生意刚开始好转起来的餐馆，也就名存实亡了。在伤科医院做了 X 光照片以后，痛得冷汗直冒的张新凤就让人用担架抬着，回了自己的餐馆。那时，她店里已经有两三个服务员了。半年多时间里，她每天痛得直呻吟，还躺在一个包厢内指挥生意。她因为全身动弹不得，大小便都不能自理，吃饭也要人喂，每天的日常起居，全靠店里的女服务员照顾，生意却一天也没有落下。更让张新凤痛心的是，自从1990年自己第一次受伤后，丈夫便与她长期分居。8年后，张新凤平静地向丈夫提出了分手，她把自己几年打拼赚来的钱大部分给了丈夫，儿子跟了她。

坚守阵地直到1995年夏，张新凤店里出现了转机。她招进了一名年轻厨师，名叫宋红兵，也是因为他的到来，小吃店生意开始出现转机。有了帮手，张新凤轻松了许多。宋红兵炒菜时，她就抽出时间研制新菜，然后两人一起试验，很快研制成功了腐乳蒸肉、腌辣椒蒸猪脚皮、米汤煮芥菜、牛腩火锅等一系列本店特色菜，生意慢慢有了些好转。张新凤研制的特色菜中，最成功的是一种名不见经传的“干包菜”。那年夏天，包菜等一些时鲜蔬菜买多了，存放久了会腐烂，怎么办？张新凤灵机一动将每天没用完的包菜放在坛子里，做成酸菜，但顾客反映有点酸。后来，她又将包菜晒干或用火烘干，用来下米粉，没想到，很受顾客欢迎。这让张新凤大受鼓舞。通过长达10年的潜心研制，她采用广西民间传统工艺和现代科学加工技术相结合的办法精制而成的干包菜，以其色、香、脆、嫩等特色，很快成为南宁市家喻户晓的一道风味菜。大家争相来吃这道干包菜，也着实让小店火了一把。

新凤小吃店，也正因为这道干包菜，一下子变得十分火爆。她也开始不断扩大店面，几年后，小吃店营业面积从当初的90平方米扩大到300多平方米。那几年里，每天光是干包菜这道菜，她就能卖出100多盘。不管刮风下雨，她的店里店外，总是挤满了前来品尝干包菜的顾客。很快，南宁市区内，一下子冒出许多难辨真假的新凤小吃店。张新凤不得不将自己的餐馆，改名为张新凤风味餐馆，并重新到工商局登记注册。从1997年～2003年非典到来之前，她就靠这道特色招牌菜，至少赚了100多万元。

你能坚强地活着，持续地努力，机遇之神眷顾你的时候，你能够敏锐地抓住，那你就能飞快走出低谷，变得越来越强大。张新凤给我们上了很好的一课，作为创业者就应该有她那种不断改进，不断创新，持续努力的干劲与执着。

■致富金钥匙

平凡的东西，每个人都会做，一旦做出了吸引人的特色，也就成就了自己的品牌。所以我们不但要会做，而且边做边想边改进，出新招奇招有别于他人，才能取胜于商场。

每个人都是一个品牌，创业者做生意，一定要当作自己的个人品牌来经营，来运作，你要加入只有你个人才可以做到的因素，而不是大众化的，大家都会的东西。将不断变换，研制个人特色的产品与服务作为创业路上的尚方宝剑，这样你就能无往不利，无坚不摧了。

致富名言

单是说不行，要紧的是做。

——鲁迅

张毓☞野花卖出的百万身家

■创业人：张毓→卖野花起家

一次偶然的机会，尝到野花也能赚钱的甜头，张毓由从山上采摘野花贩卖到家里种植，再到制作盆花、干花等艺术化那些野花，步步为营，终于走上了通往财富殿堂的大道。

■创业历程

2001年3月，也正是张毓周末回到乡下老家的这次机会，成就了她一生的事业。她老家乡下山峦叠嶂，风光秀美。张毓在山林里呼吸着清新的空气，心情一下子舒畅了很多。她在山上采摘了很多野花，准备带回城，放到房间里。

回城之后，张毓的朋友们都很喜欢这些野花，她们围着张毓让她讲解这些野花的名字、种类和生长情况，张毓很开心地给她们讲了半天，还给她们每人送了几枝。张毓有个在花店上班的朋友李霞，拿了一束花，决定到花店里试着卖一下。

机遇就这样在张毓面前诞生了。第二天下班，她的好友李霞就兴冲冲地跑来找她，并带来了一个给她创业灵感的好消息——那束野花被一个女孩以30元的价格买走了，她还说以后要经常来买。拿着李霞递来的30元钱，张毓动心了：难道野花真的有这么好的消费市场吗？她决定再试试。于是她约了李霞周末一起去采些野花回来卖。果然，几百枝野花一个星期内全部卖完，老板还让她继续去采集野花，有多少他收购多少。除去给花店老板的折扣，她一下挣了700多元，这些钱相当于她在书店上班一个月的工资。有了这笔“意外之财”，张毓意识到一个难得的机会来了。一次偶然的机会令她看到市场反应不错，张毓想走卖野花这条路。但是，采集野花并不是那么容易的事情，一方面，野花遍布在山野之间，采集起来有一定的难度和危险性；另一方面，各种野花的花期也不一致。她想，要把野花的生意长期做下去，只能去专门种植野花，然后再定期卖给花店。

打定主意后，张毓果断地递出辞职信，带着积攒的几千元钱回家了。听说她要回家种野花，朋友、父母都劝她打消这个念头，在他们看来，很少有人能靠野花做出一番事业的。张毓是个有主见的女孩，她相信自己的想法没错，父母也只得“缴械投降”。于是，张毓很快把父亲的苗圃进行了扩大和改造，把原来只有一两亩地的苗圃扩大成了五六亩地，并拉起了一道篱笆墙。她从山上移植来了不少木本野生植物，同时也采集了一些野花的花种，准备播种。附近的村民们知道她的想法后，纷纷笑她异想天开。张毓不理睬别人的嘲讽，继续忙碌着。虽然她发动了父母一起采集野花种子，但是人手还是不够。她就在村里打出了收购野花花种和野花幼苗的广告，山民们祖祖辈辈生活在草木繁茂的山里，听说这些不起眼的野花野草也能卖钱，都不再嘲笑她了，很快给张毓采集了很多花种，挖来了很多野生花草。

张毓把草本花种按不同的种类种在地里，把一些适合观赏的红毛杜鹃、野蔷薇等木本植株移植到了盆里。由于野生花草的生命力很旺盛，移植后基本上都成活了，但她还是一点都不敢大意，除草、施肥、浇水，她都一丝不苟干得很认真，几个月后，种植园里开满了野菊花、小紫罗兰、蒲公英、白头翁、开口箭等野花。

张毓考虑可能有些花店并不愿意帮她卖野花，她摘下一些野花后，订做了精美塑料包装纸，把野花按照不同的花色搭配包装好，来到西安推销。她印制了几盒名片，先把花放到十几家花店里让别人捎带着卖，如果能卖掉再打电话找她进货，很多店主都是带着疑惑的目光接收了她的花。果然不出她所料，花刚放出去不久，她就接到了电话，这些野花很快就被热衷时尚、追求情调的年轻男女买走了。她乘胜追击，和这些花店签订合约，每个星期给他们提供一批鲜野花。有了固定的销路，张毓的干劲更大了。为了保证冬天也有鲜花出售，她建起了保温棚；为了确保实验能成功，她专门跑到西北农林科技大学请教有关专家，虚心学习野生植物种植和冬季保温的技术。

令张毓吃惊的是，到2001年底，她算了笔账，除去各种开支，她发现半年忙碌下来并没有挣到多少钱。一时之间压抑、郁闷包围了她。郁闷之余，她开始分析原因，原来自己把野花作为一次性消费品出售，这个办法是不太合理的，一方面，野花的生长周期长、花期短，一次剪下来后只能重新再种，这期间她就无花可卖，自然生意也就受到影响；另一方面，野花比普通花草照顾起来要费神得多，但价格却差不多。分析完这一切后，她决定在来年分批次种植野花，让每个月都有野花开放。但是，怎么样提高野花的“含金量”、能把野花卖得更贵一些呢？经过一番深思熟虑，张毓决定转换经营思路，把野花从“一次性消费品”变成艺术品和纪念品。她首先想到的是把像熏衣草之类花冠细小、不易褪色的花制成干花，摆放在室内作为装饰品。经过反复筛选和对比，她挑出了一批适合制作干花的野花。第一批干花在2002年初上市了，这些干花一上市就显示出很旺盛的销售势头。张毓不禁笑了，她的努力终于没有白费。

初战告捷，张毓深知想要在创业路上取胜，还需要更多的新意，还需要她新的探索。她的头脑非常灵活，考虑到城里有不少孩子没有机会到山里来，他们在课堂学的一些野生植物根本无法见到，要是能制作一些野花野草的标本，注明其名称、学名和英文名称，应该会受到孩子们的喜欢。另外，要是给风干后的标本加个相框，也可以作为装饰品挂在室内的墙上。城里很多人都向往田园风光，这些散发着泥土气息的野花野草就可以带给他们视觉的享受！张毓为自己的这个想法感到很兴奋，她做好了标本，订制了一些大小不等的相框，把这些标本夹入相框后，她带着几十个标本到了西安。有几家小学对她的标本很感兴趣，有一所学校一下就以50元～200元不等的价格订制了上百个标本。这些标本在礼品店同样一炮打响，来买标本的大人、小孩都有，把礼品店的老板乐得合不拢嘴。为了加快生产标本的步伐，张毓回家组织了十几个村民帮助她一起制作标本，依然是供不应求。同时，她移植的一些适合观赏的植物也可以出手了。她请父亲给每一盆观赏植物估好价格，联系到某花木交易市场的一位朋友请他帮助代卖，一个月下来，卖出了100盆，收入5000多元。这无疑又是对自己的一次巨大肯定。

考虑到利润方面的问题。张毓在2003年9月决定将种植园交给父亲照看料理，而她自己跑到西安开起一家花店。她的花店很特别，不仅卖野生鲜花，还有干花、盆栽和盆景，野花店生意很快红火起来。她买来了很多关于插花的图书，仔细研究插花的花色搭配、花叶搭配。她把很多人视为野草的蒲公英、狗尾巴草都作为配花加进了花束中，用野花独创出了许多别致又美观的插花作品。她给这些作品起了好听的名字：百鸟朝凤、俏佳人、星星点灯……这些插花作品令人们大开眼界。张毓还办了个插花艺术培训班，免费教来店里看花的女士们插花常识，试图营造一种良好的消费文化，让人们接受野花这个新鲜事物。她的努力没有白费，参加过学习的女士们大多成了她忠实的消费者，她们还把这个有特色的小店介绍给身边的熟人和朋友。于是，更多的顾客拥向了她的花店。她的生意也越来越好起来。

2004年开始，长期的努力与探索，终于有了成效。张毓的花店开始快速发展起来。她的干花制品已经形成了10多个系列，标本相框也丰富到了100多个品种。由于不断有人加盟连锁，她一连开了5家连锁店，由她统一提供货源，这些花店开业后的经营状况都比较好。2004年，她成立了自己的花木工艺制品公司，通过参加全国农高会和商贸会，又有几十家外地客商代理了她的干花制品和标本相框。

如今，由一把野花卖出灵感的张毓，已经将她的种植园扩建到了50亩地，种植园里种植了山梅花、报春花等几百个品种的野生花草。随着“自驾游”的流行，越来越多的城里人周末开车到山里去游玩。张毓敏锐地捕捉到了这个商机，她把自己的种植园改为免费参观的植物观光园，并不失时机地提出了“种花DIY”的概念，让城里人在自己的种植园里参观种花的步骤、过程，向他们提供花种、苗株和泥土，让他们自己动手种花养花，并传授养花的知识。这一招吸引了很多城里人到她的植物观光园去参观，自然，他们走的时候都不会忘记买上几盆花回家去养，由此她又多了一个创收项目。后来，张毓靠卖野花还买了她梦想中的房子和车子。

张毓由一把野花看到了商机，找到了市场，又用她的魄力与主见开始了她的创业征程，如今她成功了。正在创业路中寻找机会的朋友们，希望也可以学到一些其中窍要。

■ 致富金钥匙

张毓认为自己的成功很简单，仅仅是把自己的想法一步步地变成现实，而不是像很多人，虽然有美好的理想却没有行动，直到把自己的想法带进坟墓。

每走一步我们才能更清楚地看到下一步，对吗？行走的路上不要害怕，关键是走出去，勇敢地踏出你的脚步。提前准备、调查，将走好下一步作为你的目标，这样你就不至于觉得太困难，每次你的目标仅仅是下一步，所有下一步完成后，便是成功的终点在期待着你，在向你招手欢呼。

致富名言

当一个人用工作去迎接光明，光明很快就会来照耀着他。

——冯学峰

刘松琳 ☞ 培训班捞金过亿

■ 创业人：刘松琳→培训班起家

金融危机中，聚成集团在27岁刘松琳的领导下稳步前进，营业额达到3.4亿。初中都没毕业的他，如何从一个培训业的门外汉，变成国内规模最大的培训公司的老总？是什么支撑他一路克服困难，最终走向成功，走向辉煌的呢？

■ 创业历程

从小，父亲教给他“多读书不如早做事”的信条，也用行动迫使儿子这样去做。学业成绩第一的他早早放弃了学业，小小年纪便不得不到家族企业里帮忙，成了一位名副其实的小老板。而严厉的父亲教训起儿子来从不顾及情面，偏偏刘松琳的性子倔强一气之下离家出走。负气离家的刘松琳带着身上仅有的四五百块钱，跳上了前往威海的船。初到威海，没高学历的刘松琳连找个活养活自己都难，不得不从舅舅那里赊酒来卖。开始推销酒的日子很苦，铺货还屡屡遭人白眼，后来，刘松琳想到让人家先摆着卖，卖完了才结，这种“先铺货再付钱”的方式在当时当地很“新鲜”。那一年，靠着卖酒刘松琳赚了二三十万。

恰恰就在刘松琳经历了万般辛酸，初步成功时，父亲到底还是打来了电话并口头向儿子认错，让他回家。这也是他第一次发现了父亲脆弱的一面，深觉自己不懂事的刘松琳满怀愧疚地回了家。但在2000年，刘松琳又因同样的起因，再次离开了家。这一次，他没有再卖酒，而是师从毛戈平学习化妆、形象设计。当年，那英、吕燕、马艳丽、李咏……都曾因刘松琳的手而变得神采焕然，这让刘松琳很有成就感。正当刘松琳自己也开了个店，事业一步步上升时，母亲的召唤电话来了。“总是事业有点起色时就被叫回家。”刘松琳有些无奈，却仍是回了家。只是，这一次刘松琳依然没有在家呆很久。2003年3月，当父亲打电话给他交待事情时，他早已在开往南方的火车上了。这一次，想在更广阔的世界里闯荡的刘松琳，选择了南方热土深圳。

在刘松琳第一次接触培训业时，就注定他的人生将会彻底改变。刘松琳的创业故事是这样开始的：如同其他没有任何目标步入社会，又没文凭这块敲门砖的人一样。刚开始他也找不到事情做，一有时间就往深圳书城跑。企业管理、成功励志、商务礼仪……刘松琳硬啃了很多书。后来，刘松琳在其中一本书的光碟上看到了号称“华人第一成功学专家”的陈安之的培训课程广告。带着强烈的求知欲，刘松琳去参加了这堂培训课。计算成本是商人本性，刘松琳边听课边在心中算计：现在现场是200多人，如果变成1000多人，每人交3000多元，是300多万，若以成本不超过30%算，每个月一场，那10期不是净赚2000多万？这人数多了，同样的成本分担下来，不就能大幅度降低学习成本，让更多的人来学习吗？这个念头，令刘松琳一下子热血沸腾起来。但2003年的培训市场，一边是快速增长的市场需求，一边是课程价格昂贵，培训产品主要集中在基本层次上，根本适应不了迅速膨胀的经济与企业发展的需要。如何才能很好地切入培训业，改变这种矛盾？刘松琳开始苦思。后来，刘松琳的培训师朋友罗恩与周嵘提出了“培训超市”的理念——让培训课程像超市一样，既便宜又能自由选择。刘松琳不禁眼前一亮，这不是一条很好的发展路子吗？于是，刘松琳拿出全部积蓄，与罗恩、周嵘一起，创办了聚成公司，开始了他神奇般的事业之旅。

聚成成立于2003年6月11日，同时推出了命名为“企业学习成功王牌”的学习卡。与他一起合伙的还有两人，三人意见一致，都认为此种模式不但能解决企业不同层次培训难题，更大幅降低了企业培训成本。由于企业只需办理一张不同金额的学习卡，就可在规定时间段内自由选择课程与派送不同数量的职工参加培训。只是，想法虽好，做起来却往往不是那么简单。整整两个月，“学习卡”只卖出了几张，而更让刘松琳不堪重负的，是来自各方面的非议。市场与客户认为刘松琳与聚成是骗子，同行也嗤之以鼻，甚至有人放言“聚成能活半年，我把脑袋给他们”。“我是以虔诚的心态进入这个行业的，可进来了却不是想象中的友好。”刘松琳觉得很委屈，却没想过放弃，反而更坚定了他要干出一番事业的决心。开始时聚成只有6个人：3个创始人，外加3个职工。为了介绍聚成模式与课程师资，6个人开着一辆破面包车，四处开研讨会进行推介。

保安、文员、财务、老板——身兼数职的刘松琳累了乏了，就在办公室那张从二手市场淘来的桌子上休息。结果没几个月，可怜的桌子就被他魁梧的身躯给睡塌了。功夫不负有心人，2003 年 8 月，聚成在深圳银湖度假村举办了第一堂公开课——“名嘴”张锦贵的“总裁魅力沟通与领导管理”，400 多人的现场，反响热烈。这对刘松琳来说如同强有力的一剂兴奋剂，令他再一次看到培训行业的希望与朝气。

当然，一炮走红后，聚成的“学习卡”开始热销，聚成也开始在业内声名鹊起，迅速壮大。2006 年，聚成被评为“2006 中国教育培训行业第一大品牌”。世界第一行销大师杰·亚布拉罕甚至在 2007 年世界营销管理大会上称，聚成的职工规模、年开课场次、年培训人次早已位居世界第一。

企业一路发展顺利，2008 年金融危机来临，聚成的客户：广大中小企业作为最敏感、脆弱的企业群体，首当其冲。刘松琳则针对这一现像提出了“与中小企业一起过冬，拒绝参与衰退”的主张。聚成在继续巩固与提升公开课产品的同时，还邀请十几位世界大师与中外商界领袖从 2009 年 5 月 9 日开始在全国聚成巡回演讲。目前，早已与聚成签约并开始在全国演讲的有：世界实战派营销大师、美国科特勒咨询集团主席米尔顿·科特勒，世界第一谈判大师、美国前总统克林顿与白宫双料首席谈判顾问罗杰·道森，全球第一客户关系管理大师大卫·弗曼多，格力电器总裁董明珠，“民营企业教父”郎咸平等。

2009 年 3 月 31 日，聚成上市，刘松琳认为这有利于聚成树立品牌形象，拓宽融资渠道，增强聚成创新动力，但更重要的，这是他建设“百年聚成”的重要一步。“聚成不是在种花，是在种树。”这是刘松琳经常挂在嘴边的一句话，“培训行业对国家、对企业界的贡献特别大。如果我们正好有如此机遇，做成了第一名，又有机会做成百年聚成，那我们当然就得努力把这块牌子树起来”。花，只是昙花一现，但树，却能基业常青。正因为如此，刘松琳想把聚成做成一棵百年大树。他也一直朝着这个梦想在努力，在前进。

刘松琳被媒体称为“有着羚羊跳跃般的经历”的“80 后”成功者，外人看到的，是聚成 6 年来呈井喷式增长的营业收入：300 万、4000 万、7000 万、1.51 亿、3.1 亿……看不到的，是刘松琳一步步走来的艰辛。

在金融危机中，许多企业就此倒下，聚成却依然稳步前进，从2008年初到2009年4月，新增分公司10家，客户总数增长了1万家。钱越赚越多了，刘松琳却觉得那不是最重要的，最重要的是他得到了一种尊重，“很多企业家都很认同我。”

到2009年，刘松琳领导下的聚成，已有会员企业50000余家，职工4000多人，分（子）公司遍布国内40多个城市，每一年为社会与企业培训各类人才超过100万人次。

■ 致富金钥匙

三次的离家出走，积极谋生给了刘松琳以极大的锤炼，而在机遇面前，他敏锐的洞察力、精准的判断力与迅速的执行力又帮了他的大忙。一路走来，刘松琳的成功有家庭的原因，有性格的原因也与他的勤奋、努力、不断学习、积极进取密不可分。

天才等于百分之九十九的汗水加百分之一的灵感。光会计划，光会做梦，光会打算与想像是不足以令你一夜成功的。只有脚踏实地，想要成功就要做好吃苦的准备，不断从别人那里学习成功的经验是缩短你迈向成功距离的最佳方法，不要害怕别人不教你，你还有书本，不是吗？多多翻阅那些有用的书籍，从中吸取他人的精髓，将适合你的运用到生活中、生意中，慢慢整理出适应自己的一套，往往这样有章可寻，有经验可以参考，在走向创业成功的路上你会走得更加从容不迫。

致富名言

成功 = 艰苦的劳动 + 正确的方法 + 少谈空话。

——爱因斯坦

王汉荣☞从零到100万

■创业人：王汉荣→销售汽车配件起家

三十而立，在这个年龄，有的人还在寻觅努力的方向，有的人却已经成为某个领域的佼佼者，王汉荣就是后者。

■创业历程

1990年，投奔远房亲戚的王汉荣去了深圳当学徒，每天十几小时的工作，用麻布轮和蜡给表带和表壳打磨。工资是每月150元。

一年后，他成了打磨车间的骨干，工资是每月1000多元。

二年后，他跳到一个工资不足千元的机械加工厂当上生产组组长。没过多久，这家原本做外销的工厂转为内销，需要开拓国内市场，一个跟他很谈得来的车间主任就推荐他去跑业务，因为他会说广东话，方便沟通。

第三年，也就是1993年，王汉荣买了辆单车锁在上海宾馆站，到市内后再骑单车去翠竹路逐家逐户地推销。在一位远房亲戚的引荐下，他向湖南郴州车管部门推荐了适合当地使用的防盗锁，车管部门要求他尽快送两万多把防盗锁到郴州，货到付款。当时两万多把锁需要200多万货款，他上哪里筹这笔钱呢？后来他决定向工厂让利，将其中的差价让给工厂，自己每把锁只赚几元钱。能够做成这笔生意很重要的原因是他不怕吃亏，如果他对利润斤斤计较，也许最后连5万元也赚不回来。

从事销售工作三年后，王汉荣的职业生涯有了一个质的飞跃，两个重要的机遇出现在他身边，他都好好地把握住了。

第一件事是：内地有些地区接连发生高速公路连环车祸，公安部下令上高速公路的机动车必须安装指定厂家的生产后雾灯。基本上只要你能拿到符合要求的货，就一定好卖。由于每家汽配店的用量有限，不能直接向厂家拿货，于是他就把和自己有联系的汽配店的用量都集中起来，向江苏的无锡、徐州和广东南海的几家公安部指定生产厂家订货。因为他能第一时间拿到紧俏的货品，所以行内有越来越多汽配店闻风向他订货，甚至包括广州的汽配店。

第二件事是：业务往来中他认识了一家经营汽车电子防盗产品的香港贸易公司的销售主管，一个高佻、亮丽的广州女孩。后来她们结婚了，深受香港经营理念熏陶的太太不仅帮王汉荣在后雾灯生意中稳妥地赚到了第一个100万，更重要的是鼓励他生意一定要做大、做强。

1997年，在太太的建议下，王汉荣租下了位于宝安39区的旧海关报关大楼一楼110多平方米的商铺作为门面，楼上1000多平方米的仓库作为仓储式超市。当时，一楼每平方米要70多元，二楼仓库他拿到了厂房价，每平方米仅10多元，即便如此，一个月的租金也要两万元。不到3年时间，王汉荣的好利时已经在宝安独占汽车用品市场的鳌头。好利时从此步入了稳定发展期，不仅可以自主生产汽车、五金、音箱及布艺等产品，还拥有由全世界范围内的300多家采购商组成的采购网络，并向全国800多家经销商供货，其中深圳占了八成。

2004年底，由好利时投资设立的爱车空间汽车服务有限公司定址在人气最旺的华强北商业区，并于2005年3月正式开业。市区的消费者层次比关外高，对汽车用品的要求也更高。他们精心布置了销售区、音响试听和安装区、贴膜区，还有专门的吸烟区、休闲区，更附设了小小的网吧，使消费者在等候服务之时能够免费上网。这次，王汉荣一反在租金方面低廉的首要选择，因为这里要办成好利时在深圳市区的旗舰店。从试营业开始，爱车空间的业绩稳步上扬，事实证明王汉荣这一步没有走错。28岁，他完成了从0到10000000的跨越，吃了深圳汽车用品超市的螃蟹，在宝安开设了当时全市最大的汽车用品中心，大到汽车轮胎、汽车音响，小到防滑垫、汽车香水等上万种汽车用品像普通超市一样敞开摆设、明码标价、自选销售，令消费者耳目一新。

在王汉荣事业一步步走向辉煌的时候，我们不禁想知道为什么他能成功？十几年来，王汉荣几乎没有买过一块手表。他唯一的爱好是踢足球，但却永远穿着那双国产名牌二三十元一双的双星牌足球鞋。哪个富豪没辆好车，他却一直开着那辆福建东南产的富利卡，一边私用，一边拉货。直到最近才花了40多万买了辆丰田霸王。他调侃道：朋友们都看不过去了，不买辆好点的不行了。

王汉荣因为诚恳、亲切，与许多汽车用品生产厂家都成为了好朋友，共同成长，所以他总能够拿到比别人更便宜的友情价。还是因为诚实、随和，那个漂亮的广州女孩愿意放下安逸的一切，跟随他到深圳，助他事业再创高峰。

■致富金钥匙

从王汉荣身上我们看到了什么？勤劳、不怕吃亏、目光长远。销售对于成功者来说是一项最辛苦的工作，也是最赚钱的工作。销售最讲究人脉，而勤劳、不怕吃亏，懂得让利的人在销售的市场上也是最受欢迎的人。善于抓住机遇便是王汉荣敢于做大、做强的中心所在。

往往舍得吃亏的人得到的更多。仔细想想，你喜欢占人便宜还是被人占便宜呢？你是愿意更多地照顾那些老实人，还是那些随时会算计你的人呢？即使付出高价，你也愿意购买那些令你安心的产品，对吧？一样的道理，抓住大众的心理，给他一点便宜占，坦诚相待，让他们喜欢上你，以后你做什么也就轻而易举得到他们的支持，那么你离成功还会远吗？

致富名言

我只相信一条：灵感是在劳动的时候产生的。

——奥斯特洛夫斯基

李惠月☞卖草鞋赚百万

■创业人：李惠月→卖草鞋起家

谁会想到农村艰苦岁月里不得已穿着的草鞋会在如今高速发展的城市里大受欢迎呢？李惠月想到了，她由爷爷的一句话想到了草鞋的市场。如今，她由这一简单的想法，收获了百万元的身家。

■创业历程

1998年8月，出生于西安市郊区农民家庭的李惠月高中毕业后来到西安打工，如同其他打工仔一样，她只能干着最基础的活，尽管已是起早贪黑地工作，生活依然窘迫。一年后，李惠月两手空空地回了家，决定专心务农。2001年夏天，爷爷得了严重的脚气病，父亲让她去给爷爷买一双凉鞋。爷爷叹着气说："以前，我夏天最爱穿草鞋，穿草鞋不长脚气。可如今草鞋绝迹了。"孝顺的父亲听了，忙去割些草回来，为爷爷编了一双草鞋。

李惠月由爷爷的一句话带来了一个创业灵感。她在心里悄悄地盘算：如果开间店卖草鞋，会不会有市场？会不会是一个很赚钱的买卖？说干就干，她马上查询了大量资料，了解到，草鞋在中国历史悠久，很多人对草鞋很有感情，尤其是老人。当这些调查都证实自己的想法正确时，李惠月兴奋不已，她决定在农村开发草鞋。家人成了她的支持者，她安排父亲编织了20双草鞋。草鞋编好后，拿到院子里晒了一会，李惠月便迫不及待地骑上自行车，满怀希望地带着草鞋去了邻村。遗憾的是她每到一个村庄都吃了闭门羹，甚至还有人嘲笑她说："真是想钱想疯了。"受到奚落的李惠月觉得很委屈，但她并没有因此而放弃自己的想法，她决定改变销售路线，既然农村卖不出去，她决定拿去城里卖，也许物以稀为贵也说不定。

风风火火的李惠月又将父亲编织的20双草鞋带到了城里，她选择了在一个服装市场试卖。没想到，半个小时不到，20双草鞋便卖光了。更令她意外的事发生了，市场里两个做鞋生意的老板找到她要订 50 双的货。毫无疑问，这对李惠月的想法算是一次巨大的肯定，也给了她十足的信心。全家配合，一直干到半夜，终于编了 50 多双草鞋。第二天她便以每双 10 元钱的价格交给了老板，得到 500 元现金。送完货收了款，李惠月来劲了，她开始沿街逐家鞋店推销起自己的草鞋来。店主都觉得这新鲜的草鞋比较得意，都表示愿意做代销试试。一路大扫荡下来，她竟然一天谈妥了十几宗代销生意！回到家后，她马上招集亲戚与一些能干的农村妇女干了一个月，月底算账，除了发给亲戚们的工资，她居然纯赚了 6000 多元！而她临时请来的人员也至少每人拿到了 500 元。大家都非常高兴地给李惠月“打工”。

初次试水成功，当意识到草鞋利润可观之后，李惠月马上招了 20 多名工人。她很快意识到：如果草鞋光靠街边小店销售，那也只是蚊子吹喇叭——小打小闹罢了；只有进军鞋城和超市，才能把生意做大。那些大地方人流量大，才可以把销量提起来，代销店里发生的一幕在鞋城里同样上演。草鞋一上架，便以它的新颖与独特吸引了源源不断的顾客，即使李惠月每天生产 2000 双草鞋还供不应求，两个月后，李惠月每天送往西安的草鞋达到 5000 双以上。时间过得很快，春去秋来，正当她的事业蒸蒸日上时，一个严重的问题便出现了：冬季马上来临，用于编草鞋的草即将枯黄，甚至枯死，没有草，拿什么编鞋子呢？

天资聪慧的李惠月苦思了几天之后，突然开了窍，眼前一亮。她在想编草帽的麦秆不就是好材料吗？麦秆在农村无处不在，根本就不用任何成本，如果这也能成为原材料，那她的利润将会更加可观。首先由父亲试着用麦秆编了一双鞋子。改变材料后，鞋子的销量又迅速增长，不到一个月的时间，她的麦秆鞋就占领了西安市所有的鞋子市场，连兰州和太原的客商也找上门来了。

随着天气渐渐转凉，慢慢进入了冬天。而李惠月开发的草鞋只适合春、夏、秋三季，理所当然她的生意也进入销售淡季。怎样才能提高销量呢？李惠月瞄准了宾馆这个巨大的市场。她针对宾馆设计出了一种物美价廉的拖鞋。通过试穿，客人很喜欢。有宾馆在门口打出“入住我店，免费赠送草鞋”的巨幅广告牌，以此招揽顾客。结果，一传十，十传百，西安的其他宾馆也不敢怠慢，也要订货。不到一个月时间，李惠月的草拖鞋就进驻了西安市的 20 多家宾馆。仅此一项，她每月就多赚了5万多元。

李惠月开店到如今，并没有停留在以前的基础上，她不断创新，想出新的法子。不断开发出款式各异的麦秆鞋，连冬天都用上了麦秆棉鞋，穿上去令人觉得温暖而又特别。这种鞋子一投放市场，就成了冬季最热卖的鞋子，特别受老人和小孩的欢迎。同时，李惠月充分发挥，不断改进与思考。她还为时髦女孩特别开发了一种外观漂亮的麦秆棉鞋，爱美的美眉身着棉裙子，脚穿麦秆鞋，简直酷毙了！ 草鞋的销路好了，李惠月仍然没有满足。她又开发出了彩色草鞋、情侣鞋；还开发了定做鞋的业务，应客户要求，鞋面上可以编上励志语和问候语，还可以编上各种图案……目前，定做的鞋子销量最好，许多人把它当礼物送人，还有不少人把它当定情信物寄托相思。五年过去了，李惠月由爷爷的一句话开始萌生创业的动机，通过不断的解决问题，不断创新，她已经由一个手无分文的打工妹，一跃成为了百万富姐。

■致富金钥匙

1. 由一句抱怨的话或一句感叹引发的创业动机，如果你也可以像李慧月那样百折不饶地去尝试，去改进，去创新，那么成功也将属于你。

2. 有些人抱怨为什么商店里就没有适合她们穿的大号衣服，大家都听过即忘，可有的人记住了，她开了间店，专门销售大号的适合胖子们穿的衣服，全做熟客，也许她就成功了。

3. 有些人抱怨银行、超市等地方排队真是郁闷死了，大家没有留意，可有的人就听进去了，于是她组织了专业为人排队服务的队伍，于是她成功了。

4. 听到抱怨，其实你就应当珍惜，如果你能解决，也许你就找到了一条生财之路。

致富名言

一个不注意小事情的人，永远不会成就大事业。

——卡耐基

张建功☞锅炉事业里掘金千万

■创业人：张建功→小本杂生意起家

张建功从13岁开始做生意，他做过的工种有许多，销售员、小贩做过，辛苦的装修工做过，甚至旅行社经理他也干过，过去他确实做过很多行当，但现他在的身份是中国青年企业家协会副秘书长、北京凡元科技集团公司总经理。是什么成就了他的今天呢？一路走来，甘苦自知。张建功说："要有所成就，先要学会战胜自己。"

■创业历程

"穷人的孩子早当家"，张建功出生于山西大同一个矿工家庭。家境贫寒，父亲还一直身体不好，在他13岁那年暑假，父亲把18元钱交到张建功手中，让他去做点小生意——卖锅盔（山西当地一种小锅饼）。一方面父亲为了锻炼他，另一方面家里确实需要多一个人分担，可以帮忙补贴家用。张建功就这样开始了他的社会生活，他背着沉重的装满锅盔的箱子，步行几十里山路，几乎跑遍了附近所有的小煤矿。别人一张锅盔卖三毛，他卖两毛五，而且他上门服务，所以他一天卖的要比别人多得多。第一天，张建功令人意外地拿回了29元钱。

接下来的日子，张建功背负起了家庭的责任，他一边读书，一边利用课余时间做小生意。各种各样的生意他都去尝试，只要能赚到钱就行。他卖过服装，做过冷饮，也批发零售过水果，甚至苦力他也干，还给工地当过小工……这些经历让他至今仍觉得受益匪浅。他这样说"那是一种战胜自我的过程，从中可以磨砺出坚韧品质，激发出深度潜能"。

20岁那年，张建功顺利大学毕业，他毫不犹豫地选择了回到出生地，那个贫困的地区当上了团委书记。有着丰富的经商经验、社会阅历的他当然不会仅仅满足于一个小小的官位。他带领着一些雷厉风行的小伙子们开起了一间工厂——"珍珠"领带厂。他凭着丰富的营销经验，迅速使产品得到了推广，厂子很快产生了利润，他也得已升任共青团繁峙县委副书记。接着，张建功自筹资金创办了五台山青年旅行社等团办实体。因为他的突出表现，张建功被选为共青团十四届中央委员。就在他一步步高升，即将被提拔为处级干部时，张建功自有自己的打算，他又作出了一个让人意外的决定：放弃仕途，进京创业。

那年，初到北京的张建功在北京凡元科技有限公司找到了一份工作，出任公司部门经理，仅仅3个月，他表现出色、业绩突出，飞速升任副总经理，甚至坐上了总经理的位置，后来在他的领导下，公司又一步步发展成集团公司，管辖7个分公司，他也成为公司的主要股东之一，出任集团总经理。

2004年11月18日，张建功为了公司业务的发展，他瞄准了中国主要的锅炉生产企业，当时，东方锅炉工业集团的订单源源不断，根本没计划分销。可他还是来到了四川，坐在东方锅炉工业集团公司的办公室里，该集团的总经理仅仅同意给他5分钟会谈的时间。他带着自信，带着坚定，为了替公司取得东方锅炉工业集团的锅炉分销权，张建功来四川充当“说客”。

张建功直奔主题，三言两语便明确道出锅炉市场眼前所面临的问题，以及市场发展的软肋。他道出，现今全国各地的锅炉行业都想分享这块肥肉，纷纷各自引进新技术，准备与东锅这样的大企业抗衡，另外国家发改委的宏观调控，锅炉市场竞争势必会日趋激烈。他郑重警告道：“也许现在你们还是龙头老大，不需要担心订单，你们占据着一定的市场份额，完全不用分销，但几年之后呢？贵公司敢保证你们还能占有今天这样的市场份额吗？”张建功义正言辞的客观分析让集团总经理眼前一亮，原定的5分钟变成了一个多小时。最终结果可想而知，凡元科技公司成为东方锅炉工业集团惟一的驻外代表。这一年，也是凡元科技发展最迅速的一年。

现今公司有着可靠的后台，公司每年能有上千万元的收益。张建功的功劳可谓不容置疑。

■致富金钥匙

每一种经历都会为你带来一种可贵的阅历，每一次与困难与环境做抗衡都会令我们得到磨炼，能力提到提升。所以，当你遇到困难的时候，同样也是机会，是挑战。只有勇敢地将其踩于脚下，你才能站得更高，看得更远。千万不能轻视小生意，各种各样的小生意，分门别类的行业都会在你努力的过程中，不断拓宽你的视野，提升你的能力。找机会锻炼自己，多多挑战困难，也是你走向成功的捷径。

致富名言

神圣的工作在每个人的日常事务里，理想的前途在于一点一滴做起。

——谢觉哉

写在后面的话

身边许多朋友，有的刚从学校毕业，苦于找不到合适的工作，索性自己创业；有的已经在工作岗位上积累了相当的经验，由于工资、职位的挑战性、与同事相处等各种各样的问题而离辞创业；他们有的已经成功走在创业路上，有的正在努力，有的才刚刚起步。写此书，也借朋友们的经验来指导新来者，旨在给大家一串先行者的足迹，希望大家在摸索的路上少走弯路。

综合大家的经历与苦恼，在书本的最后，我再来总结一下创业路上需要注意的事项：

第一，创业伊始，一定要有吃苦的准备，有打持久战的准备，有充足的粮草与好的预算计划。分短期的与长期的。

第二，创业分阶段，创业初期主要目标在于试水，尝试项目的可行性，不宜将所有资金与精力都全盘投入在不确定的项目上；创业中期为发展期，各项工作就位，招兵买马，进一步扩张；创业后期为稳定期，精益求精，不断巩固加强创业项目，做强做大做稳固。

第三，创业之初，能单干的最好是单干，如果都是新手合伙，摩擦多多，意见分歧也多多，影响了士气导致创业失败的例子实在举不胜举。一个人会很辛苦，但有一个优势就是头只有一个，发言者只有一个，行动容易统一，上下一条心，成功的几率反而较大。

第四，永远不要指望自己会是最幸运的那一个，永远不要幻想好事全会落到你头上，千万不可抱着碰运气的想法，千万不能急功近利。事物的发展总有一个过程，创业时讲究稳定、持续、长远发展。

第五，少与他人比较，不要眼红他人眼前杀鸡取卵的利益，不要欣赏他人的舒适排场，不劳作。要比就比最后的结局，要笑就要笑到最后。

贫穷不需要计划，致富才需要周密计划——并去实践它。所以我们说“苦想没盼头，苦干有奔头。”创业者前行的路上请记住这样一句话：行动是治愈恐惧的良药，而犹豫、拖延将不断滋养恐惧。